ENLACE & DESENLACE
ALÉM DE UMA VISÃO AMPLIADA DA FAMÍLIA
DUAS ENTREVISTAS TRANSFORMADORAS

Editora Appris Ltda.
1.ª Edição - Copyright© 2021 da autora
Direitos de Edição Reservados à Editora Appris Ltda.

Nenhuma parte desta obra poderá ser utilizada indevidamente, sem estar de acordo com a Lei nº 9.610/98. Se incorreções forem encontradas, serão de exclusiva responsabilidade de seus organizadores. Foi realizado o Depósito Legal na Fundação Biblioteca Nacional, de acordo com as Leis n.ᵒˢ 10.994, de 14/12/2004, e 12.192, de 14/01/2010.

Catalogação na Fonte
Elaborado por: Josefina A. S. Guedes
Bibliotecária CRB 9/870

B453e
2021
	Beltrame, Juliane Silvestri
	    Enlace & desenlace : além de uma visão ampliada da família duas entrevistas transformadoras / Juliane Silvestri Beltrame. - 1. ed. - Curitiba : Appris, 2021.
	    177 p. ; 23 cm.
	
	    Inclui bibliografia.
	    ISBN 978-65-250-1950-5
	
	    1. Famílias. 2. Casamento. 3. Separação. I. Título.
	
	                                                                                                               CDD – 158.24

Livro de acordo com a normalização técnica da ABNT

Editora e Livraria Appris Ltda.
Av. Manoel Ribas, 2265 – Mercês
Curitiba/PR – CEP: 80810-002
Tel. (41) 3156 - 4731
www.editoraappris.com.br

Printed in Brazil
Impresso no Brasil

Juliane Silvestri Beltrame

ENLACE & DESENLACE
ALÉM DE UMA VISÃO AMPLIADA DA FAMÍLIA
DUAS ENTREVISTAS TRANSFORMADORAS

FICHA TÉCNICA

EDITORIAL
Augusto V. de A. Coelho
Marli Caetano
Sara C. de Andrade Coelho

COMITÊ EDITORIAL
Andréa Barbosa Gouveia (UFPR)
Jacques de Lima Ferreira (UP)
Marilda Aparecida Behrens (PUCPR)
Ana El Achkar (UNIVERSO/RJ)
Conrado Moreira Mendes (PUC-MG)
Eliete Correia dos Santos (UEPB)
Fabiano Santos (UERJ/IESP)
Francinete Fernandes de Sousa (UEPB)
Francisco Carlos Duarte (PUCPR)
Francisco de Assis (Fiam-Faam, SP, Brasil)
Juliana Reichert Assunção Tonelli (UEL)
Maria Aparecida Barbosa (USP)
Maria Helena Zamora (PUC-Rio)
Maria Margarida de Andrade (Umack)
Roque Ismael da Costa Güllich (UFFS)
Toni Reis (UFPR)
Valdomiro de Oliveira (UFPR)
Valério Brusamolin (IFPR)

ASSESSORIA EDITORIAL
Raquel Fuchs

REVISÃO
Cassandra Dittmar Debiasi

PRODUÇÃO EDITORIAL
Isabela Calegari

DIAGRAMAÇÃO
Jhonny Alves dos Reis

CAPA
Julie Lopes

COMUNICAÇÃO
Carlos Eduardo Pereira
Débora Nazário
Karla Pipolo Olegário

LIVRARIAS E EVENTOS
Estevão Misael

GERÊNCIA DE FINANÇAS
Selma Maria Fernandes do Valle

À família que eu construí:
Luciano, meu esposo e amigo
e aos meus amados filhos, Giulia de 10 anos e Joaquim de 5 anos.

AGRADECIMENTOS

Agradeço a Deus e ao mestre Jesus, pela oportunidade de publicar esta obra.

Ao meu amor, Luciano, uma pessoa enviada por Deus para a minha vida, que me ensina todos os dias a ter coragem de ser uma pessoa melhor e a me autoconhecer.

Aos meus filhos, Giulia e Joaquim, que são verdadeiras sementes do meu jardim.

Ao meu pai, que desencarnou no ano de 2010, a quem tenho infinita gratidão pelos conselhos de vida.

À minha mãe, que é exemplo de bondade e humildade.

Aos meus irmãos, pela afetividade do enlace.

Aos diversos casos de separação e divórcio que oportunizaram aprendizado para poder escrever este livro.

E a todos os leitores que já passaram ou estão passando pelo processo de separação e divórcio.

AGRADECIMENTO ESPECIAL

À Maristela Naue Gobatto, assistente social, pela entrevista concedida e pelo ato de partilhar sua experiência enriquecedora aos leitores amigos. Ela, uma cidadã campoerense, que ajuda a impulsionar sonhos, acalentar corações aflitos e pacificar relações humanas.

À Jocimara Bernardi, psicóloga, uma incrível profissional que trouxe por meio da entrevista o dia a dia de seus pacientes e que busca com seu olhar meigo, ajudar crianças, famílias e indivíduos a se tornarem melhores seres humanos.

*Embora ninguém possa voltar atrás e fazer um novo começo,
qualquer um pode começar agora e fazer um novo fim.*

(Chico Xavier)

APRESENTAÇÃO

Quando idealizei esta obra, tinha em mente tratar de um tema que faz parte da vida de muitos casais. E é desse modo que o presente livro se torna importante, pois têm em seu bojo as relações humanas e a nova forma que os operadores do Direito vêm recebendo as mudanças do Direito das Famílias, por meio de um pensamento mais humanizado, coletivo e sistêmico. Portanto, queremos convidá-lo a mergulhar nesta obra, compreender um pouco dos desafios do dia a dia que envolve um enlace conjugal e também, adentrar nas emoções que norteiam um divórcio. Espero que você leitor, aproveite esta experiência e possa olhar seu(sua) companheiro(a) com mais amor e respeito.

SUMÁRIO

INTRODUÇÃO 17

PRIMEIRA PARTE

**1
POR QUE NOS CASAMOS?** 23

**2
DE INÍCIO** 33

**3
DA EVOLUÇÃO DAS RELAÇÕES FAMILIARES** 49

**4
O DIVÓRCIO E SUA EVOLUÇÃO NO BRASIL** 65

**5
CASAMENTO** 73

**6
QUANDO OS PROBLEMAS SURGEM** 81

**7
CONSEQUÊNCIAS EMOCIONAIS DO DIVÓRCIO** 87

**8
DA ALIENAÇÃO PARENTAL** 93

**9
UMA VISÃO DIMENSIONAL DAS EMOÇÕES** 101

**10
VIOLÊNCIA DOMÉSTICA E RELACIONAMENTOS ABUSIVOS** 109

11

O DIVÓRCIO E AS RELIGIÕES 123

12

EXISTE LUZ NO FIM DO TÚNEL 133

SEGUNDA PARTE

1

ENTREVISTA COM A PSICÓLOGA JOCIMARA BERNARDI 145

2

ENTREVISTA COM A MEDIADORA/CONCILIADORA MARISTELA
NAUE GOBATTO 153

POSFÁCIO 171

REFERÊNCIAS 175

INTRODUÇÃO

Toda relação familiar é um verdadeiro patrimônio, pois apesar de um dia ter chegado ao fim, ela trouxe no "enquanto durou" infinitos aprendizados e experiências que colaboram com a evolução enquanto ser humano em construção, e ainda deixou lindas sementes chamadas de filhos.

Quando me formei no ano de 2004, na Universidade Regional de Blumenau (FURB), sempre tive uma paixão pelo Direito de Família, agora chamado de Direito das Famílias, mas mal sabia que a verdadeira transformação e aprendizado seriam com a experiência adquirida na casuística.

Acompanhar um processo de divórcio é compartilhar as entranhas devoradoras de sentimentos tão nobre do amor. Ontem meu bem, hoje meus bens. É vivenciar o escuro quando se quer luz. É suportar o medo após o sonho. É desamarrar os projetos que ainda pulsam dentro de corações aflitos.

Sentir os sentimentos humanos no trâmite do processo judicial é compartilhar com as partes até que ponto o amor pode virar ódio e compreender por que um sonho pode tornar-se um grande pesadelo.

Acompanhar um processo de divórcio é dolorido, você consegue perceber o ponto em que amor e ódio se conversam, desvendando algumas das piores versões do ser humano.

Sabe aquela frase que diz: "Você conhece o seu (sua) companheiro(a) no divórcio", é pura verdade, pois nesse momento não existem personagens, fachadas, e sim o que era desde o início e que estava acobertado pelo manto da paixão.

Casamentos terminados, rupturas doloridas, homens, mulheres e crianças rasgados pela dor do amor rompido e pela incerteza do futuro.

O operador do direito busca entender o caso concreto com a aplicação da lei para ao final resolver aquele enrosco familiar.

Todo profissional tenta encontrar a melhor saída para a história relatada, mas do outro lado, existe uma família, pessoas de carne e osso que têm sentimentos e que no fundo não existem vencedores, pois o fim por mais planejado e orientado que seja, é sempre triste, e o advogado é o maestro que conduz a sinfonia, podendo ser um colaborar na pacificação do casal ou uma brasa que incendeia a fogueira.

Nunca fui uma advogada que gosta do litígio, sempre busquei aproximar as partes, tentando resolver o conflito no próprio escritório, pois, de certa forma, ao adentrar no judiciário sabia o resultado que as partes colheriam, uma boa ou má sentença que resolveria o processo, mas não terminaria com o conflito entre as partes.

Compreender o que se passa antes e após o divórcio sempre foi um assunto de grande interesse profissional. Sentir, olhar, escutar, acolher, compreender o porquê da dor, daquele término, o que cada cônjuge havia feito para que o amor tornasse ódio de uma hora para outra. Anos de namoro, de olhares, filhos como fruto de um amor infinito, que da noite para o dia se tornam os maiores tormentos, revelando-se os piores pesadelos.

O processo tem um fim, sim, mas o conflito, a dor, o sentimento continua caminhando com a parte, por mais alguns dias, meses ou anos, tudo vai depender de como aquele homem ou aquela mulher foi educada na infância, ensinada pela vida e qual o grau de orgulho diante da separação.

Muitas vezes, os cônjuges estão emaranhados nas chagas dos últimos tempos do relacionamento e não conseguem visualizar o grande abismo que se aproxima, negando a realidade, vitimizando-se e agindo igual criança órfã na busca de um pai ou uma mãe.

A dificuldade no relacionamento pode nascer quando um dos cônjuges volta os olhos para a família de origem, esquecendo-se da nova relação familiar construída. Também pode ocorrer quando o egoísmo derruba os vínculos do matrimônio por buscas sexuais de variação, processos de saturação da convivência, falta de sintonia e planejamento do futuro, gerando um grave problema social.

A nova família sempre terá precedência, inclusive dos filhos. Marido e mulher sempre vêm antes, e devem ser respeitados como tal.

Sempre, ou quase sempre, é de forma inconsciente que esse cônjuge se volta, cuidando de um pai, de uma mãe, de uma situação mal resolvida, de um irmão que necessita de ajuda, que não se encontrou na vida e nesse caminho sem volta, emaranha-se e coloca em risco a saúde do casal e a boa convivência com os filhos.

Não quero dizer aqui que não podemos ajudar nossa família de origem, quero dizer que devemos ocupar o nosso lugar e ajudar de longe.

Sou casada há 14 anos e dentro de um relacionamento vários são os desafios diários encontrados, desde uma opinião mal colocada, uma falta de empatia com o outro, uma busca por predominância de interesses e muitos outros obstáculos que só quem está casado sabe descrever os melindres de uma relação.

Certamente, nem todos os dias da convivência matrimonial são flores, mas isso ocorre em todos os campos do comportamento humano. Aquilo que hoje tem um grande sentido e desperta prazer e interesse, amanhã provavelmente, se tornará maçante, pesado e desagradável, ofuscando assim, aquilo que outrora foi o ponto de encontro do casal.

Nos meus anos de prática no Direito de Família, testemunhei diversas mudanças na legislação, na sociedade que mudaram a forma de ser analisado o Direito das Famílias. Hoje podemos muito mais do que nossos pais puderam, mas os problemas emocionais ainda são os mesmos, isso de certa forma me assusta, pois buscamos as mudanças na lei, na sociedade e no outro, mas esquecemos de olhar para nós mesmo e de reparar em nossos próprios erros. Repetimos patrões o tempo todo, mesmo que isso custe nossa felicidade.

No momento do divórcio ambos os cônjuges estão expondo suas vulnerabilidades, muitas vezes em demasia, o que acarreta medo, vergonha e constrangimentos.

Vulnerabilidade não tem a ver com desnudar-se indiscriminadamente, mas compartilhar com terceiros momentos íntimos em situação de carência afetiva, ódio mental, necessidade de atenção.

Todo o divórcio abala as estruturas da família, dos integrantes, dos filhos e da sociedade, pois vivemos de forma sistemática e integral.

Desde a Constituição Federal de 1988, a legislação trouxe diversas mudanças que podem amenizar o processo, mas só uma boa condução do divórcio poderá minimizar o desgaste e a tristeza do luto vivenciado pelas partes, construindo assim automaticamente novos pilares para um novo começo e um futuro com um novo olhar, com novos caminhos e possibilidades, sempre focando na palavra mais importante da relação conjugal: respeito a si mesmo e ao próximo.

Há muitos fatores que contribuem para o desconcerto conjugal na atualidade, como exemplo podemos citar: insegurança, busca de realização pelo método de fuga da realidade, insatisfação em relação a si mesmo, transferência de objetivos, que não se completa porque a relação não teve base no amor real, situações de ordem econômica e social, amoralidades de comportamentos, busca de sexo diferente etc.

Todos os relacionamentos conjugais devem ser socorridos quando surgirem desentendimentos com ajuda especializada de conselheiros, psicólogos e da oração que dulcifica a alma e faz convergir para caminhos mais tranquilos.

A oração atinge diretamente a irritação, fazendo nascer a tolerância com o outro, o estado de desconforto é balsamizado com a compreensão e ambos os cônjuges conseguem refletir de forma tranquila o futuro do casal.

Como o casamento não é um compromisso irreversível, a separação legal ocorre quando já houve a de natureza emocional, e as pessoas naquele lar se tornam estranhas, não existindo outra opção a não ser a separação.

Portanto, é recomendado que antes de tomar uma decisão tão importante, procure aconselhamento de uma pessoa de extrema confiança, que não irá te julgar, como a mãe, o pai ou um verdadeiro amigo.

Dessa forma, todo compromisso afetivo que envolve dois indivíduos, é muito importante para a saúde psicológica do casal, sendo assim, toda ruptura abrupta, agressiva, com atitudes levianas gera lesões na alma da célula familiar ocasionando muita dor, mágoa e ressentimentos, dificultando assim a evolução individual.

PRIMEIRA PARTE

POR QUE NOS CASAMOS?

Afinal, por que nos casamos? "Quando o homem encontra a mulher e a mulher encontra o homem eles se olham nos olhos e imediatamente fascinam-se um pelo outro". Bert Hellinger[1].

Nas palavras de Bert, o amor à primeira vista é um amor sem olhar, sem envolvimento. Ainda não vemos o outro na sua integralidade e, sim, uma imagem do que desejamos, sonhamos, aspiramos. Muitas vezes, desejos mal curados da infância, dores não saradas, anseios, tudo reflete na busca de um amor oculto.

Uma menina que não recebeu a atenção do pai busca inconscientemente um cônjuge que não lhe dará atenção, respeito, importância, e isso com o tempo pode ocasionar a separação. Um menino que não recebeu o carinho de sua mãe exige da esposa atenção, olhando na companheira uma mãe que não teve.

Simbolicamente, a mãe e o pai (mas de forma especial a nossa mãe) estão ligados de forma íntima ao que nos liga à força da vida, pois é por meio deles que podemos vivenciar primeiramente nossa existência. Precisamos nos encher de nossos pais, principalmente da mãe, para irmos ao encontro do nosso cônjuge de forma completa.

Construímos com base em nossos desejos, anseios e crenças familiares um par ideal e vislumbramos uma felicidade futura para constituir uma família. A família não é apenas o agrupamento doméstico, mas a união de espírito com programas de evolução estabelecido. Ou você acha que caiu de paraquedas em sua família?

Perante a condição imposta pelas leis da vida, quase sempre não se tem a família na qual se gostaria de estar incluso, estamos, portanto, dentro da família que precisamos para nosso aprimoramento moral e intelectual.

Certamente, é no seio familiar em que nos encontramos que existem os espíritos certos para nós melhorarmos, transformando os maus em bons sentimentos, exercitando a fraternidade, a gratidão e o amor.

---

[1] HELLINGER, Bert. **Olhando para a alma das crianças**. Divinópolis: Atman, 2018. p. 82.

Nem sempre será uma tarefa fácil, mas por meio da prática da gratidão pode-se ter a oportunidade de ressarcir débitos anteriormente adquiridos, desenvolver a paciência, exercitar a tolerância, a compaixão e o aprimoramento do *self.*

Às vezes, projetamos anseios mal resolvidos dos nossos pais. Outras vezes, criamos estereótipos de uma família exemplar e moldamos a nossa busca pelo que temos como exemplo da nossa própria família, refletida nas crenças familiares e não no amor que constrói, que cuida, que prospera.

Quando o homem diz à mulher: "eu te amo", e a mulher diz ao homem: "eu te amo", isso ainda tem pouca força, pois são palavras ditas em momentos oportunos. Agora, quando o homem e a mulher dizem: "amo você e a sua integralidade", esse olhar se expande, e o significado disso aparece com o tempo, esse é o outro amor, à segunda vista, na visão de Bert Hellinger.

O mais importante de tudo é que não nos casamos só com a pessoa, e sim com ela, sua família e seu destino, e isso é grandeza. Isso é aceitar tudo que o amor pode nos proporcionar, ou seja, dores e amores.

Quem casa buscando felicidade se perde no meio do caminho, pois casamento e partilha é crescimento, é envolvimento e doação.

Antes de nos casarmos, precisamos ter consciência de que o outro é diferente de nós, que a família em que o nosso "par" adveio tem cultura, estrutura, exemplos, vivências, diversas, e o "x" da questão é essa aceitação. Somos estrangeiros convivendo no mesmo local. Olhar o outro para satisfação de desejos, como: olha que corpo bonito, como ela se expressa, como ela sorri... não vai preencher a alma e logo o amor vira dor.

É no casamento que encontramos a melhor escola para nossa evolução e, assim, necessitamos do outro para evoluirmos, se soubermos compreender essa lição da vida, saberemos direcionar nosso barco em ondas calmas e mar tranquilo. O amor é a bússola do nosso relacionamento.

A partir do momento que compreendermos que o casamento é um meio perfeito para alcançarmos a nossa evolução pessoal e que o cônjuge escolhido é o instrumento para essa escada, vamos entender por que precisamos compreender que as dificuldades de um relacionamento e suas diversidades, que nem sempre devem levar a um divórcio, e sim, a um entendimento do ponto de vista do outro, uma alteridade.

SER-CRIAR-AMAR.

Quando buscamos o autoamor primeiro, fazendo nossa reforma íntima, vamos dominar a arte de sonhar e criar e juntos vamos amar o outro e transformar nosso relacionamento.

Encontramo-nos com a pessoa amada para melhorarmos enquanto seres humanos e para dar continuidade ao progresso do planeta. Assim foi desejado e criado pelo nosso Deus maior.

O casamento, nada mais é do que uma parceria selada pelo casal perante a lei dos homens, mas a energia, a conexão que envolve esse enlace, é regida pela lei do universo e conectada ao plano espiritual.

Como sabemos, temos que amar até mesmo os nossos inimigos. Então imaginemos a nossa responsabilidade perante aquele que dizemos: "amar de verdade".

Como é construído esse amor que me envolve? Amor de renúncias, de posse, de apegos, de sentimentos contraditórios, de uso. Qual é o verdadeiro sentimento que envolve o amor que eu construí? Ou melhor, como é o seu amor pelo cônjuge? No que ele (ela) te serve? Essas são perguntas que o cônjuge precisa analisar, antes de pedir o divórcio. Fazer uma busca interna. Será que o que eu reclamo nele não seria a minha mea-culpa. O quanto de culpa eu tenho para que meu cônjuge se tornasse o que se tornou?

Ter química ou ser o modelo ideal de casal, sem rodeios, joguinhos, com amor tranquilo, levinho e sem cobranças parece algo a ser procurador por todos, mas no final percebemos que as dificuldades e as diferenças são gritantes e o casal precisa saber amparar um ao outro com muito comprometimento e respeito.

O casamento é a junção de um combinado realizado pelas duas pessoas que têm vontade de compartilhar a vida conjuntamente. Cabe aos dois decidirem o que vão eleger como prioridades em sua relação.

O primeiro grande passo é largar as amarras da família de origem. Esse passo é o mais intenso e complexo, diria que nesse ponto é que muitos casais se perdem na tentativa de provar ao outro que o exemplo dele é melhor, que a família dele é mais apropriada, que "os meus pais" são melhores etc. e tal.

Respeitando as decisões do outro e compreendendo por que o outro age daquela forma, o casal pode chegar a um denominador comum, desde que ambos estejam abertos para a grande jornada do autoconhecimento.

Cada um dá um cadinho de amor para o outro, e assim, começa um casamento. Um pouco de mim, um pouco de você. Isso sim, aquilo não. Eu gosto disso e você daquilo, e assim vamos nos conhecendo e conhecendo o outro, manifestando nossos desejos diários e planos para o futuro e quem respeitar o limite do outro conquistará o coração do amado, para serem felizes para sempre.

Ao casarmos, abrimos mão de ter relações sexuais com diversas pessoas e estamos sendo racionais e não carnais, compartilhando o amor e a parceria com uma pessoa que elegemos como nosso par. Aquela pessoa que nos inspira, que mexe com nossos sentimentos, que faz a tristeza virar felicidade, que nos revira e que faz nosso coração saltar pela boca quando chega.

Pera aí... isso é paixão... amor é algo muito mais forte.

O poema de amor ("Beija-me com teus beijos! Tuas carícias são melhores que o vinho...") mais famoso é também um dos livros mais enigmáticos da Bíblia. Raros estudiosos acreditam nisto, mas o "Cântico dos Cânticos", livro do Antigo Testamento, começa atribuindo sua autoria ao rei Salomão que trouxe um pouquinho do segredo do amor.

O amor é diferente da paixão. A paixão é um sentimento que passa, mesmo que seja intensa, mas o amor é duradouro, permanece. O amor é a base sobre a qual todos os nossos relacionamentos devem ser construídos. O amor une pessoas de maneira especial. O outro deixa de ser um objeto para usar e se torna uma pessoa importante, que merece carinho, respeito e consideração. Quem ama quer o bem da pessoa amada, se preocupa com ela, quer passar tempo com ela.

Qual é a melhor dinâmica em uma família? Existe uma receita pronta, que podemos seguir para ter sucesso? Ou, talvez, algum segredo que envolve os casamentos que comemoram as bodas?

Existem países em que ainda prevalece à poligamia, como é o caso da Arábia Saudita, que é berço do profeta Maomé e coração do mundo islâmico, a Arábia Saudita toma textualmente a palavra do Alcorão: "Casai com quantas mulheres quiserdes, 2, 3 ou 4; mas, se temeis não poder tratá-las com equidade, então tende uma só", diz o livro sagrado.

Os números do texto são interpretados somente como exemplo – não há limite para a quantidade de esposas, desde que o cartão de crédito do marido também não tenha limite para sustentar todos esses desejos incontroláveis das mulheres modernas.

ENLACE & DESENLACE: ALÉM DE UMA VISÃO AMPLIADA
DA FAMÍLIA DUAS ENTREVISTAS TRANSFORMADORAS

Outro exemplo ocorre na Tanzânia. Nesse país da África Oriental, onde a maioria da população vive em zonas rurais, é obrigatório que os casamentos sejam registrados e, no momento do registro, sejam declarados monogâmicos ou poligâmicos. Para união mudar de *status*, deve haver consentimento do marido e da mulher, como se fosse um verdadeiro combinado.

No Lêmen, a poligamia é autorizada em termos parecidos com os sauditas. É permitida desde que o homem possa tratar bem de todas as suas mulheres, o que restringe a prática aos homens ricos e de posses – também pudera né, os desejos femininos são tantos: uma roupa nova, um carro novo...

Além disso, há algumas regras a serem observadas, na família iemenita. Uma delas diz que a primeira esposa tem sempre a última palavra. É ela quem autoriza (ou não) o marido a procurar outras mulheres para viver com eles sob o mesmo teto – até aqui, acho justo, pois ela chegou antes, governa melhor a situação. Eu que não queria estar no lugar dela.

Aqui no Brasil, a Poligamia é proibida, mas diariamente vemos e ouvimos diversos casos, em que homens e mulheres desrespeitam as regras conjugais, com intuitos adversos de uma relação familiar.

Atualmente, são vários os julgados deferindo indenização por danos morais ao cônjuge vítima, devido o cônjuge imprudente ultrapassar a barreira da razoabilidade, com a prática de condutas ilícitas, gerando um dano que provoca sofrimento físico e mental.

Quando pensamos em traição, a maioria de nós imagina alguém em quem confiamos fazendo algo tão terrível, que pudesse estar no *top five* da lista das principais causas de um divórcio.

Qual é a pior traição que você pode imaginar? Ele(a) me trai com a(o) melhor amiga(o). Ele(a) mente como gasta o dinheiro? Ele(a) compra coisas escondidas? Ele(a) usa a minha vulnerabilidade contra mim? Ele(a) faz investimentos escondidos? Ele(a) não compartilha mais seus sonhos e objetivos? Ele(a) te exclui dos amigos?

Todas são traições terríveis que abalam um relacionamento e podem levar a separação indesejada, mas há um tipo específico de traição que é mais desleal e corrosiva em todas as outras opções, que geralmente ocorre muito antes das outras. Estou falando da traição do descompromisso. De não se importar. De desfazer o vínculo sorrateiramente, de não desejar dedicar tempo e esforço ao relacionamento, ou melhor, de não cuidar. Quem ama cuida. Essa é a pior traição para desencadear o término de um relacionamento.

Veja que, quando pessoas que amamos ou com quem temos um forte vínculo param de se importar conosco, de nos dar atenção e de investir no relacionamento, é porque nada mais valemos para o outro, fazendo surgir a mágoa e o ressentimento, que são chagas destruidoras primeiro de nós mesmos depois do outro.

Qualquer que seja a razão para o pontapé inicial, sempre precisamos estar abertos para enfrentar as dificuldades da vida, deixando de lado a vida de princesas e fantasias, assim, assumiremos o nosso papel de forma integral e adulta.

Não importa o seu nível de maturidade emocional, encerrar um ciclo vai gerar uma dor imensa. Existe sim, um grande abismo que se abre, mas temos que ter paciência e não se cobrar tanto, parar de se sabotar, ao final tudo ficará bem.

Existem diversos contos infantis que descrevem a busca do príncipe e a beleza das vidas das princesas, mas na prática não existe cavalo branco, muito menos sapatinhos de cristal, a vida é uma eterna busca pela felicidade.

Temos que ter em mente desde o início que o casamento é uma coisa complexa. Vejamos o porquê.

Cada qual é uma individualidade que se desconhece. Na verdade, pouco ou quase nada ainda sabemos de nós mesmos. Cada um de nós se ignora solenemente e muitas vezes nem se dá ao luxo de se dar uma espiadinha por acaso para aparar as arestas.

Há reações no nosso mundo íntimo que não fazemos ideia de que as teremos, e quando teremos, e só vamos sentir quando algo acontecer externamente, que irá fazer eclodir um novo ser que ainda não conhecemos.

Os eventos existentes na nossa vida estão só esperando o ataque sorrateiro, conforme nosso padrão emocional. Nenhum evento pode ocorrer a um ser humano sem o nosso consenso, mesmo que inconsciente. Nada pode acontecer sem antes adentrar na psicologia, nas entranhas do ser.

O ser é feito de estados e o mundo de eventos. Viver é uma verdadeira escola e cada estágio é um obstáculo novo.

Há grandezas do nosso mundo interior que desconhecemos totalmente. Mas também existem sombras guardadas a sete chaves que não queremos desvendar para ninguém, dando arrepios só de imaginar.

Você quer saber o futuro da sua relação conjugal? Conheça-te. Não perca tempo, para depois largar toda a culpa no outro e perder o amor da sua vida.

Vivemos com uma grande nuvem em nossos olhos, e muitas vezes exigimos do outro algo que ainda não somos. Mudança, mudança e mais mudança é que exigimos dos nossos parceiros o tempo inteiro. Vivemos cheios de dedos apontados e esquecemos que o principal dedo aponta para nós mesmos. Nenhuma separação acontece de forma inesperada. O inesperado é detalhadamente premeditado, preparado.

Não é à toa que para nós superarmos as tentações do mal e sermos felizes nesta vida, será importante seguir o que uma crucial sabedoria antiga descreve: "conhece-te a ti mesmo".

Na filosofia socrática o "conhece-te a ti mesmo" se tornou uma espécie de referência na busca não só do autoconhecimento, mas do conhecimento do mundo, da verdade e do significado da vida. Para o pensador grego, conhecer-se é o ponto de partida para uma vida equilibrada e, por consequência, mais autêntica e feliz.

Ora, na medida em que nós não nos conhecemos, torna-se sempre difícil uma relação mais saudável de nós para nós mesmo, imagina quando convivemos com outro ser que também não se conhece. Está feita a festa! Ou melhor, a bagunça.

Nos conhecer melhor nos ajudaria a ir superando essas dificuldades de entendimento, costurando feridas e remendados desafios nas relações interpessoais. Cada vez que eu fizesse esforços, que eu demandasse movimentos de autoconhecimento, isso me facilitaria muito conhecer a outra pessoa que está ao meu lado e, assim, construiria uma vida mais próspera e feliz ao lado de quem amamos.

O universo é perfeito assim como ele é. O único que deve mudar somos nós mesmos.

Obviamente ele se tornaria melhor esposo, ela se tornaria melhor esposa e ambos se fariam melhor casal e, em consequência, cuidariam juntos da prole advinda do amor, se cada um olhasse para dentro de si e respeitasse o momento do outro.

Lamentavelmente essas coisas não existem na prática, só no mundo dos livros, porque somos ainda muito infantis e buscamos sempre artifícios para desculpar nossas próprias falhas, negando nossos sentimentos e arrastando com a barriga a solução, que está dentro de nós.

O antagonista somos nós mesmos. Ele é nosso aliado, nos avisando sempre o que fazer para matar o inimigo que mora dentro de nós.

Casamentos são destruídos por puro orgulho e egoísmo. Porque, quando o indivíduo se casa com outro, deseja ser servido pelo outro, deseja que as virtudes estejam com o outro, deseja, completar algo que falta dentro de si e aí está o grande barco furado que as pessoas embarcam e se afundam.

É muito comum que os homens digam: Estou procurando a mulher ideal para mim, aquela sonhada "mulher para casar". Só que eles não imaginam que eles mesmos serão o "homem ideal" sonhado por aquela mulher escolhida.

Algumas das razões do casamento são: a ilusão de viver um sonho, cumprir com o ideal social e cultural, compartilhar ideias e projetos, cobrança da família ou de terceiros; desejo de encarar a vida em dois; não viver na solidão; viver junto com alguém que te ama; desejo de constituir uma família; casar porque todos casam; casar porque você é o único da turma solteiro; e assim seguem diversas razões, cada um tem suas ideias, propósitos e sonhos. Todas essas razões são combustíveis para o início de um relacionamento, quando elas começam a sumir, junto com elas se abre o processo do divórcio.

Atribuir a si mesmo a culpa é o melhor caminho. A vítima sempre será a culpada. O segredo dos segredos é a mea-culpa.

O casal que não separou alguns momentos do relacionamento para fazer a busca interior está fadado a entrar na lista escura da separação, dos índices, portanto, invista o quanto antes em si mesmo para poder contornar as brigas e os desentendimentos conjugais diários.

Todo problema precisa ser resolvido no dia, não espere para semana que vem ou amanhã, a bola de neve só fica maior.

Desentendimentos fazem parte de toda história de amor, afinal somos diferentes um do outro. O pedido de desculpas, o perdão, são formas de manifestar a caridade com o outro e isso faz parte da vida de casal maduro.

Até que não nasçam os filhos, nós não teremos aí a dimensão do amor paternal, maternal e, gradativamente, numa mesma existência, nós estaremos experimentando as mais variadas dimensões do amor.

Somente quando nos tornamos pai e mãe é que compreendemos o amor genuíno e aí sim, assimilamos por que casamos.

Todos nós somos membros de uma família universal, e dentro do lar doméstico, construímos um cadinho pequeno para vivenciar as várias dimensões do amor.

Quando nos unimos em uma relação conjugal, não nos fundimos em uma pessoa só, não nos tornamos um único ser, uma única alma, continuamos tendo gostos, sentimentos, escolhas, ideias individuais; unimo-nos pelos laços do amor, pela empatia, pela camaradagem, mas, é importante saber que cada qual precisa ter essa liberdade de respirar, como nos lembra o grande poeta árabe Gibran Khalil Gibran, quando nos assevera que "nós deveremos viver juntos, dançar juntos, cantar juntos, mas que cada um deverá estar sozinho".

Todo casamento precisa de duas pessoas para existir, se um tomou a decisão de terminar e já foi tentado de tudo, não há nada que o outro possa fazer a não ser aceitar.

A união precisa do consentimento de dois. O divórcio da vontade de um. E assim, podem recomeçar um novo sonho, um novo amor, mas se não reparar o interior, vão acabar com um novo divórcio, uma nova dor, porque a felicidade não está no outro e sim dentro de nós mesmos.

Trocar de parceiro não vai curar os problemas, trazer felicidade. Porque a felicidade está dentro de nós. O cônjuge não é o culpado, somos nós mesmos.

Assumir a mea-culpa é a chave mestra da relação.

Ah, antes que eu me esqueça, para assumir a mea-culpa você precisa do autoamor, mas isso é assunto do outro livro: *No cantinho da consciência*.

DE INÍCIO

Em uma manhã, recebi uma cliente, que desejava ajuizar um pedido de divórcio. Até aí, tudo bem, seria mais uma demanda na área da família, estaria entrando para as estatísticas.

Com o desenrolar da conversa, comecei a receber as informações do porquê aquela mulher com mais de 35 anos de casamento estava querendo se separar, já no outono de seu relacionamento.

Alguns minutos de conversa se passaram e as lágrimas já escorriam naquele rosto castigado pelo sol do labor em meio ao sofrido ordenhar leiteiro.

Ainda era noite quando ela acordava há mais de 30 anos para tirar leite e contribuir com a renda familiar, esse era o seu labor diário. Para quem não é do campo, a ordenha significa tirar o leite da vaca, ou seja, é o lucro da atividade do gado leiteiro. Esse ato deve ser feito sem paradas, com os tetos limpos e secos da vaca em um ambiente asseado, tranquilo, sem umidade e longe de outros animais. Apesar de que hoje a tecnologia em determinadas propriedades curou mãos e deu lugar à tecnologia dando uma certa dignidade para as famílias que laboram com o gado leiteiro.

Se esse fato fosse o único sofrimento relatado, seria até incompreensível pois o labor com amor e dedicação é dadiva da vida e a mulher sempre foi elemento forte na visão dos trabalhos domésticos, mesmo sem ter muito acesso às decisões econômicas do lar, ela sempre se sobressai, pois é multitarefas, sensível e acolhedora, porque a mulher faz o que precisa ser feito e ponto final.

A rotina de 14 horas por dia, de segunda a domingo, inclui ordenha de vacas, higienização dos galpões, alimentação dos animais e trato das pastagens, entre outros afazeres. No meio da manhã, retorna à sua casa para fazer almoço e outras tarefas domésticas, sem contar o cuidado com os filhos do casal.

Já no fim da tarde, começa nova ordenha, que dura pelo menos mais três horas, e assim, anoitece e amanhece.

São as mulheres da cadeia de leite, uma mão de obra quase invisível que por décadas divide com os homens um dos mais exigentes trabalhos rurais e que hoje engrossa a luta por melhorias no setor, apesar de toda tecnologia investida no segmento que abarca os grandes produtores de leite.

Nas últimas décadas vem se desenvolvendo um pensamento diferenciado no tecido social no intuito de minorar o sofrimento e a submissão da mulher do campo, para que ela comece a ter voz ativa, tenha acesso às lideranças e seja construtora da sua própria história.

Ocorre que, de uma conversa para outra, a cliente começou me relatar os maus tratos que sofreu nos seus 35 anos de casamento sendo submetida à violência, abusos frequentes, choques elétricos, humilhações, e aí, o assunto gerou uma profunda busca não só de tentar resolver a demanda jurídica, mas de resgatar aquela mulher coberta de dor e humilhação.

Melinda Gates, em seu livro *O momento de voar*[2], retrata a dor de mulheres e como o empoderamento feminino pode mudar o mundo, em muitas viagens que realizou por diversos países, demonstrando como começou sua jornada em defesa dos direitos dos cidadãos no planejamento familiar, mas nessa busca se deparou com a dor do feminino escondida em cada rosto delicado. Fica aí uma boa dica de leitura.

A presença das mulheres no trabalho do campo é um fato indiscutível, sua coragem e força fomentam a produção agrícola, porém elas permanecem invisibilizadas em muitos contextos sociais, mesmo que estejam plantando, colhendo, conservando e corrigindo o solo, produzindo alimento, protegendo as lavouras das pragas, coletando os frutos e cultivando o desejo da posse de mais terras para trabalhar e aumentar a produção, ao mesmo tempo que dão conta do trabalho doméstico, em que cuidam dos seus filhos, da comida, da casa, do quintal e do marido, elas ainda estão apagadas nesse cenário, sofrendo abusos de diversos tipos de violência doméstica de forma silenciosa e clandestina.

Moradores do interior, de certa forma, se avizinham a quilômetros de distância, pois geralmente, salvo nas vilas, uma gleba de terras fica longe da outra, sendo oportunidades para maridos violentos agirem sem qualquer consideração. Por muitas vezes, a mulher sofre calada, os vizinhos não sabem, não escutam e nada enxergam, trazendo tristezas e insegurança à mulher do campo.

---

[2] GATES, Melinda. **O momento de voar**: como o empoderamento feminino muda o mundo. Tradução de Alves Calado. Rio de Janeiro: Sextante, 2019.

A vida sofrida, a falta de estudos e de oportunidades, leva a mulher a aceitar a violência calada, por medo. A mulher só quer sair de casa, ter o direito de decidir, de partilhar, de receber salário e mesmo assim, não consegue usufruir de seus direitos de forma livre mesmo vivendo no século XXI.

Marcamos dezenas de encontros, e isso faz toda a diferença para o cliente, em que o operador do direito busca a pacificação social em vez do litígio, pois não mais o advogado vive somente de leis, jurisprudências, doutrinas e súmulas, o operador do direito 4.0 precisa estar atento, atualizado, mas acima de tudo precisa entender da alma humana.

Ela dizia para seu marido que vinha comercializar bolachas na cidade, enquanto conversava comigo, e foi aí que começou um trabalho de seis meses de empoderamento, ou melhor, apropriamento do feminino naquela mulher manchada pela dor da humilhação.

Aquela mulher queria ser vista. Respeitada. Podemos ajudar outras mulheres a florescer, precisamos da ajuda de todos. Mulheres e homens, todos integram um mundo que clama por amor.

Não é fácil para uma mulher tomar a decisão de separar-se, ainda mais, uma mulher que reside no interior, sem estudos e oportunidades.

Ela ensaia durante dias, meses, anos, até poder ter a certeza da sua ação. Muitas coisas já foram decididas na alma, mas ela ainda torce, esperneia por uma mudança que não chega.

A mulher evita esse tipo de situação até as últimas forças. Ela cria artifícios para se convencer que está tudo bem, ilude-se, mesmo sabendo que de nada adianta.

A mulher foi programada para criar, para estar em família. O medo, a insegurança, a culpa, o namoro, a vida em casal, os belos filhos, tudo isso é plenitude da vida. Tudo porque a mulher tem em seu sentimento a constituição da família, trazida boa parte do catolicismo e das crenças dos antepassados.

Na Idade Média, o casamento era visto como um mal, não se priorizava o casamento, muito menos a família. Naquela época não existia a separação entre Estado e Igreja, mas sim o ascetismo, que tinha como valores primordiais a virgindade e a continência.

Tudo isso foi retirado dos textos apostólicos, em que a máxima era a renúncia da carne (abstenção do ato sexual), a todos que almejassem um dia ganhar o reino dos céus.

A partir de 324 d.C., por influência do imperador Constantino, que mantinha uma considerável feição à filosofia cristã, o cristianismo passa a ter privilégios do Estado romano, de início com o Édito de Tolerância de Milão, que dava liberdade a todos os cultos, reconhecendo a capacidade de adquirir bens pela sucessão, sendo um início para a constituição da família.

Foi a partir do Concílio de Niceia em 20 de maio de 325 d.C., o qual contou com 300 bispos, que a Igreja Católica começou a ser um sujeito de Estado, com poderes, privilégios e competência própria. Assim, a Igreja começou a apoiar o casamento, a união, deixando em segundo plano a defesa da virgindade, para fortalecer a Igreja, sendo base para formação da fé cristã.

Apoiou o casamento, mas esqueceu-se da mulher e de suas lutas. Naquela época, a mulher era vista como escrava familiar, satisfazia o homem e gerava filhos.

Depois disso, no ano de 1049 d.C., com o Concílio de Reims, ficou ressaltado que só a Igreja poderia se manifestar sobre o vínculo conjugal, estabelecendo pena de excomunhão para quem, sem sentença episcopal, repudiar sua mulher e se casar com outra, ou outro. Dessa forma, a Igreja cresceu e tinha força sobre os relacionamentos amorosos, ganhando fiéis por meio da coerção.

Portanto, a mulher sofreu por anos a pressão da Igreja, mas ainda sofre, mesmo após o Estatuto da Mulher casada (1970), a Constituição Federal, a Lei do Divórcio 6.515/77, a EC 66/2019, o Estatuto da Criança e Adolescente, o Estatuto do Idoso e o Código Civil de 2002. Temos todo esse arsenal de legislação e a mulher ainda não está liberta para suas próprias conquistas.

Um ótimo exemplo do presente contexto é o que ocorreu nos primeiros meses do ressurgimento do Talibã no Afeganistão, em que as mulheres ficaram cada vez mais isoladas da sociedade e muitas foram alvos de perseguições e ataques, refletindo como a mulher ainda é sujeita aos abusos dos direitos humanos.

Essa situação, em termos religiosos, perdura até os dias de hoje, tendo em vista que as relações sexuais não são consideradas elemento essencial para o casamento, mas simplesmente a confirmação perante o representante da Igreja (padre como testemunha de Deus) da intenção da união.

O caminho para a solução do impasse já havia sido estabelecido por Paulo, que dizia: "cada homem deve ter sua mulher e cada mulher, um homem" (I Coríntios, 7-1).

O empoderamento da mulher é necessário para mostrar que ela pode vencer sozinha, que existe vida após um divórcio, não estamos aqui querendo fomentar a desunião, pelo contrário, sou adepta à família unida, mas se o casal não tem mais solução juntos, podem viver separados e promovendo a paz conjugal para dar sequência à relação parental familiar.

Quando uma mulher compartilha comigo seu sofrimento, seus segredos, seus sentimentos mais escondidos, demonstrando toda sua vulnerabilidade, recebo isso como uma honra e um dever enorme de respeito e visão. Uma honra aquela mulher confiar no meu trabalho, e um dever que se magnetiza de mulher para mulher, de enxergar o que ela está vendo, de sentir, e assim eu digo: Eu vejo você!

Ouço ela com atenção, ofereço minha compaixão, e depois demonstro para ela as saídas, os caminhos, desde os mais simples aos mais difíceis, e desse ponto ela faz a sua escolha do caminho que ela quer trilhar. Ela mesma faz a sua escolha. Eu a ajudo de longe a percorrer o caminho escolhido.

Quando uma mulher conta sobre violência doméstica, ela se desnuda, fingir qualquer otimismo diante da sua dor soaria falso e ofensivo. A dor que ela descrevia estava além da minha capacidade de compreensão. Para minha cliente ela estava sendo torturada pelo amor da vida dela e nem nos piores pesadelos ela imaginaria isso.

Quando criança, foi cuidada por seus pais e depois, na vida adulta, tornou-se mulher e buscou o sonho do amor e nunca vislumbrou em seus sonhos ser desrespeitada ou flagelada.

A mulher tem o direito do divórcio e de não ser condenada por isso. Será? O mundo evolui a ponto de não excluir essa mulher que pediu o divórcio? Como foi recebida a decisão das mulheres de se divorciar na década de 70, 80, 90. Você acompanhou alguma mulher nesse trâmite?

Como será a vida dessa mulher após o divórcio? Será que a sociedade inclui essa mulher ou menospreza, no sentido de julgar a mesma, por não ter dado conta de manter seu marido no lar? Por mais que a emenda constitucional n° 66 de 2010, tenha retirado a culpa no final do casamento, será que ainda não se buscam culpados pelo fim da relação?

Da mesma forma, estabelecer pré-requisito sem o qual não é possível a dissolução do vínculo conjugal é um absurdo tão grande nos dias de hoje, que até mesmo a jurisprudência e as melhores doutrinas já vinham relativizando as regras anteriormente vigentes.

Assim, bastava que o amor não estivesse mais presente para que o vínculo pudesse ser dissolvido. Afinal, para que provar a insuportabilidade da vida em comum? Ora, se um dos cônjuges está pedindo a separação, não parece óbvio que a vida a dois entre o casal se tornou insuportável? Não há sentido algum em levar a vida íntima do casal ao Judiciário, apenas para poder se divorciar.

Se o marido saiu da relação, as vozes na sociedade dizem: a mulher era chata, não deu conta, não cuidou direito, sempre vai existir um ponto de interrogação ao que a mulher fez ou deixou de fazer, mas nunca será o ponto de vista da mulher e de suas dores.

Por muito tempo a mulher só tinha valor pelo serviço prestado aos homens e aos seus filhos. Elas não tinham direito de se manifestar, ler, escrever, decidir, votar, usar anticoncepcional. A necessidade masculina de regrar o comportamento sexual feminino persistiu até a década de 70, portanto, a evolução dos direitos das mulheres ocorre a passos lentos.

Até chegar ao ponto em que ambos os cônjuges entendam esse resultado, muitas dores vão acontecer, e o operador do direito pode orientar seus clientes dos atalhos até chegar ao destino final.

Mas, tudo dependerá do que o cliente quer, muitas vezes, o cliente precisa passar por todos os caminhos mais árduos do processo para achar a cura. É a escalada de cada um. Caminhos árduos, doloridos, que vão posicionar o cliente diretamente com aquilo que não quer ver, e isso dói, deixa marcas.

O processo não anda, doutora? O casal precisa de mais tempo.

A mulher pode comandar a sua própria vida, inclusive, cuidar dos filhos, independentemente da presença do marido no lar, apesar de sua presença ser de suma importância para o desenvolvimento dos filhos, mas muitas vezes a mulher é submissa, tem dependência econômica, nunca laborou fora de casa, tem crenças que precisam ser dissolvidas, e isso é questão gerencial de emoções e o operador do Direito tem o primeiro contato com essa mulher machucada emocionalmente e pode trazer uma luz nesse emaranhado de dor.

A família é entendida como um sistema que implica em um conjunto de elementos que se inter-relacionam, portanto, com o passar do tempo a evolução das famílias fez surgir mais conflitos.

Pode até parecer um certo exagero psicológico, mas quem escolhe o Direito deve entender de pessoas, bem mais do que o atendimento tradicional do significado do cliente, porque diante da fragilidade que envolve as dissoluções familiares, como: alienações parentais, violência, divergência quanto à guarda, aos critérios de alimentos, discordância de pontos de vista, é crucial para o operador o trato psicológico e o entendimento quanto aos princípios de mediação e conciliação.

Não são poucos os casos de separação que adentra em um escritório de advocacia, principalmente para quem trabalha nessa área da família, são dezenas de conflitos familiares que o advogado precisa administrar e empreender novas competências humanas.

Cada caso tem suas particularidades, seus emaranhados familiares. Lembro que certa vez atendi um menino de 16 anos que assumiu a chefia do lar, diante da morte de seu pai e a invalidade da mãe. O menor, além de sofrer a sua dor interna, precisava cuidar dos irmãos menores na luta diária da vida, laborava fora e trazia mantença financeira ao lar. Aquele menino de 16 anos me inspirava, pois, além da dor, ele não desistia, tinha um gás de dentro dele que dizia: siga em frente.

Mas, por outro lado, já me deparei com uma mulher de 38 anos, que residia no interior, Linha Taborda, que cuidava do filho sozinha, não tinha emprego, dava banho no filho no rio, não tinha banheiro, e dependia exclusivamente da pensão alimentícia de 40% do salário mínimo do ex-marido, isso já havia passado 14 anos e ela ainda envolvida nas mesmas dores do passado, assim, não fazia o movimento da vida, não procurava emprego e queria aumentar a pensão alimentícia pois aquilo não era suficiente.

Quem era o culpado daquela situação? Seu ex-marido, a sociedade que não lhe dava emprego? O governo, ou as autoridades municipais? Ela mesmo havia criado toda aquela situação e não enxergava luz no fim do túnel. Era uma mulher abandonada à própria sorte, aceitava migalhas dia após dia.

Fazer a mulher aprender que para ser feliz com alguém, é necessário ser feliz consigo mesma, fazendo nascer o amor-próprio, depois de tropeços e tempestades, é uma grande evolução e liberdade emocional.

São exemplos assim que envolvem as relações familiares.

As relações familiares fogem longe daquela ilusão criada nos contos de fadas, a realidade é dura e se o casal não é maduro, tudo estará desequilibrado mais cedo ou mais tarde.

Ao longo dos anos, tivemos várias transformações progressivas da humanidade, um grande exemplo divisor de aguas foi a Revolução Industrial, hoje adentramos na Revolução 4.0, segundo o livro *A quarta revolução industrial* de Klaus Schwab (2016)[3], essa revolução tem como base: a velocidade das mudanças, o alcance e a profundidade com que a tecnologia está presente em nossas vidas e negócios.

A violência doméstica vem crescendo drasticamente, e após a covid-19, aumentaram os casos tanto de separações como de abusos em crianças e adolescentes, inclusive de casos graves de alienação parental. Menores que ficam com tios, primos, parentes próximos, sendo violentados diariamente, sem poder ter acesso aos professores que eram seus mais fiéis amigos. O próprio inimigo das crianças mora dentro do lar.

Sabemos que os conflitos de Direito de família são carregados de sentimentos como: culpa, raiva, mágoa, ódio, decepção, traição, e esses são flagelos torturantes do ser humano que assombra todo um sistema familiar, pois todos sofrem, amigos, vizinhos, pais, ascendentes e principalmente os descendentes.

E a dor que os conflitos geram aos filhos é incontestável, principalmente para os menores, pois o momento de ruptura não traduz somente aquela imagem congelada na assinatura de uma homologação judicial, mas problemas de ordem psicológica que se prolongam no tempo e na memória, ficando inscrito no Self todo o ambiente hostil que ele estava exposto.

Uma em cada quatro mulheres acima de 16 anos afirma ter sofrido algum tipo de violência no último ano no Brasil, durante a pandemia de Covid, segundo pesquisa do Instituto Datafolha encomendada pelo Fórum Brasileiro de Segurança Pública (FBSP)[4]. Isso significa que cerca de 17 milhões de mulheres (24,4%) sofreram violência física, psicológica ou sexual no último ano. A porcentagem representa estabilidade em relação à última pesquisa, de 2019, quando 27,4% afirmaram ter sofrido alguma agressão.

Esses são alguns dados reveladores da herança patriarcal, machista e capitalista que legitima a violência praticada contra a mulher. Essa realidade é oculta e ocorre em diversos pontos do Brasil, principalmente no interior dos municípios, em que a mulher está isolada, vive para o lar e geralmente se submete aos ditames do marido. Principalmente por essa razão se fomentam seminários, palestras, cursos, sobre a violência contra as mulheres no meio rural.

---

[3] SCHWAB, Klaus. **A quarta revolução industrial**. Bauru: Editora Edipro, 2016.

[4] Disponível em: https://g1.globo.com/sp/sao-paulo/noticia/2021/06/07/1-em-cada-4-mulheres-foi-vitima--de-algum-tipo-de-violencia-na-pandemia-no-brasil-diz-datafolha.ghtml. Acesso em 01 out. 2021.

Após alguns meses de diálogo, minha cliente já estava certa do que queria, ou ela continuava naquele ciclo de violência, se lamentando, fazendo os próprios filhos sofrerem, ao ver uma mãe impotente e submissa, ou ela encarava o processo judicial e colocava fim àquele pesadelo, aceitando sair do lar e começar uma nova vida.

A ruptura conjugal precisa ser aceita por dentro, no íntimo, não adianta aconselhar, pois no final quem terá que dar conta da decisão é a própria pessoa, não tem juiz, advogado, promotor ou delegado que irá segurar as pontas de uma separação.

Sempre oriento as mulheres que em um processo de separação existe um prazo de um ano aproximadamente, após o divórcio, em que a tempestade ainda aflora, após esse período, salvo algumas exceções, as abóboras se assentam e tudo começa a caminhar, mesmo que em passos lentos, mas a certeza de um recomeço já é uma luz de renascimento.

As transformações sociais estão muito rápidas, a evolução do Direito das famílias é constante e segue o fluxo da sociedade. Dessa forma, o Poder Judiciário se esforça para atender à demanda crescente de casos, inclusive, trazendo meios alternativos que venham minorar os efeitos de uma ruptura conjugal.

No futuro próximo, o impulsionamento processual será dado pelas tecnologias disruptivas[5], como *big data*, nanotecnologia, impressão 3D, robótica, inteligência artificial, realidade aumentada, biologia sintética, tudo estará conectado, e o operador do Direito terá que pensar e agir globalmente e sistematicamente.

O uso de robôs no TJSC já é uma realidade. A busca de endereços das partes, por meio de um serviço de automação evita que a advocacia tenha de ir atrás de informações sobre as partes. Esse serviço é um resultado entre a OAB/SC e o TJSC.

Os novos instrumentos colaboradores da justiça estão vindo para cooperar, para minimizar os danos conjugais, para reparar as dores resultantes da dissolução e porque não se abrir para as leis sistêmicas, que oportunizam a consciência um novo olhar, rompendo com essa cultura de violência.

O advogado 4.0 precisa ser empreendedor para trazer soluções novas, ágeis e satisfativas para o cliente.

---

[5] O termo *tecnologias disruptivas*, que vem de ruptura, caracteriza produtos e serviços que transformam o mercado e, de certa maneira, desestabilizam os concorrentes que antes o dominavam. Outros exemplos conhecidos: os serviços oferecidos pelas marcas Uber, Apple, Netflix e Google, que reinventaram a forma de se locomover, de se ouvir música, de se assistir a um filme e se "buscar" informações na internet.

O operador do direito exerce sua função em meio ao conflito, diante da polarização da atividade processual.

O advogado precisa atuar e mover o entorno da relação familiar, sempre utilizando suas características pessoais de persistência, especialização, reconhecimento dos próprios limites, autoconfiança, assertividade, comprometimento, preocupação com a qualidade e desempenho e o mais importante de todos, planejamento sistêmico.

Ajuizei a demanda, mesmo após várias tentativas de resolução amigável, como o caso solicitava e com a confirmação da minha cliente.

Preparei a minha cliente para a saída do lar juntamente das crianças, com o acompanhamento policial e do Oficial de Justiça designado para o ato, e mesmo assim, imprevistos ocorrem, pois, o marido dela escondia uma arma de fogo dentro do colchão e ele foi preso no dia da saída dela do lar do casal.

Compreender a família como um sistema é admitir que existe uma influência entre seus membros, de modo recíproco, ou seja, um membro afeta o outro.

Então, para minha cliente ver seu ex-cônjuge preso, era um argueiro em seu olho, pois ao mesmo tempo que o ódio a envolvia, existia um amor cego que ainda a pulsava para defendê-lo.

Ajudar o cliente a gerenciar as emoções é provocador e desafiador. Porque muitas vezes o caso mexe com nossas emoções, somos humanos e não máquinas resolvendo conflitos. Somos humanos resolvendo problema humanos.

Mas, é aí que adentra o direito sistêmico para nos ensinar a ficar fora do campo emocional que envolve o litígio.

Observa-se que muitos advogados, por exemplo, identificam-se com a dor do cliente e transformam o processo judicial numa arena romana para dar evidência nos seus dramas pessoais.

O advogado tradicional se coloca ao lado do cliente para o que der e vier, tanto é que seu cliente sempre tem razão, deixando de analisar todos os pontos positivos e negativos do caso.

Já o advogado sistêmico entende a sua hora de parar, está bem resolvido com o seu passado, não quer se vingar de ninguém, quer somente fazer o cliente enxergar a ordem, a hierarquia e o pertencimento.

A maioria acredita que a guerra é o caminho e com essa postura alimenta o conflito, induzindo o cliente a ajuizar o processo, porque é a forma que ele aprendeu a lidar com as coisas em sua vida, tudo na base do litígio do ganha x perde.

Esse advogado vai mesmo fazer com que o seu cliente ganhe a causa, vai trazer uma espécie de satisfação provisória, no nível da briga. No entanto, o padrão do conflito segue agindo, fazendo nascer novos problemas, não se apresenta uma solução concludente, simplesmente provisória.

Ações de cumprimento de sentença, execuções de contratos, modificações de guarda, execução de pensão vão aparecer, porque o conflito não chegou ao fim. O advogado não pode se deixar levar pelo caminho da vítima. Na realidade, no fundo, toda vítima tem sua parcela de culpa.

Existem muitas pessoas que estão à serviço de algo, no campo do conflito. Fazer o cliente enxergar além da acusação é um caminho para se chegar ao campo buscado da pacificação.

O cliente reclama de tudo e de todos. Parece que qualquer um que se colocar à frente ou no seu caminho, está se colocando na posição de, em algum momento, ser acusado. Conseguir administrar a insegurança, o medo, é desafiador, e o papel do advogado é apresentar essa segurança em todos os atos e acontecimentos para que não ocorram imprevistos.

A mulher, ao sair do lar conjugal, sente-se insegura diante do caminho que a cerca e o futuro incerto. O medo pode nos paralisar, nos fazer persistir na dor da violência para não viver o desconforto do novo.

Trabalhar o autoconhecimento para poder vencer o medo é uma ação inteligente e fundamental para o cliente poder se libertar do conflito em que está emaranhado. Caso contrário, o conflito irá bater em sua porta no dia seguinte, e cada vez mais bravo e avassalador.

Passados os contratempos, a minha cliente, acompanhada de seus filhos, foi residir com sua família de origem até poder comprar sua própria casa e poder reestabelecer a rotina diária.

Alheia aos negócios, minha cliente foi orientada e acompanhada em todos os passos após a separação, inclusive com indicações de empregos e orientações em compra e venda futuras, tudo para atender o que o cliente necessita que é muito mais que um orientador de negócios, mas, um ombro amigo, até um psicólogo familiar.

De uma renda familiar de mais de 10 mil reais mensais com a venda da produção de leite, minha cliente foi laborar de empregada doméstica, recebendo pouco mais de um salário-mínimo mensal, mas tinha seu corpo livre e sua alma em paz. Ter coragem de abandonar a roupagem de outrora e recomeçar é uma grande vitória, que deve ser celebrada e reconhecida.

O nosso cotidiano é pautado em negociações, todos nós negociamos desde a tenra idade e assim evoluímos nossa capacidade de persuasão. Se conseguimos negociar, gerenciar nossos desejos, saber escutar o outro, cooperar, não teremos conflitos, teremos soluções.

Continuar descrevendo nossos problemas dia a dia não chegará em nenhuma conclusão. Estabelecer algo novo, um caminho, uma meta, nos direciona para um movimento que começa a trazer paz, equilíbrio e confiança.

Na obra *Família, separação e mediação*[6], Verônica Cezar Ferreira apresenta o método de negociação de Harvard, que preconiza o uso da negociação direta, de forma amigável, buscando resultados sensatos e eficientes, apresentando quatro elementos básicos: o problema deve ser separado das pessoas; a negociação deve ser concentrada no interesse, e não nas opções; deve-se criar um leque de opções de solução, antes de se chegar a qualquer decisão; deve-se ser estabelecido um critério objetivo.

Saber negociar, mitigar as diferenças, apaziguar o contraditório, apresentar a outra face, muitas vezes faz parte do trabalho do operador do Direito.

O processo foi conturbado, o pagamento da pensão alimentícia foi difícil, e após exatos um ano do ajuizamento do divórcio litigioso tudo ficou dentro do esperado e uma nova vida estava nascendo.

Hoje, ao me encontrar com as filhas crescidas que se tornaram minhas clientes, vejo a importância do empoderamento feminino naquele momento difícil que ela estava enfrentando.

O importante é que desde o início o advogado precisa se colocar em seu lugar em um processo judicial, pois por mais que o advogado se envolva processualmente, ele precisa saber que o seu lugar é fora do campo de atuação do conflito, pois o cliente precisa passar por tudo aquilo, mesmo que demore, mesmo que seja sofrido, o problema jurídico e pessoal é dele e não do profissional que está assessorando.

O profissional precisa estar atento a todas as fases processuais, e nesse meio tempo também necessita amparar, auxiliar e cooperar com as pessoas envolvidas no caso, dando auxílio psicológico e processual. Hoje,

---

[6] CEZAR-FERREIRA, Verônica A. Motta. **Família, separação e mediação**: uma visão psicojurídica. 3. ed. São Paulo: Método, 2011.

mais do que nunca os operadores do Direito são mediadores, são portas abertas para fomentar negociações e desafogar o judiciário.

Mudar os padrões, romper as relações doentias, fazer renascer a cultura de paz para dentro das relações jurídicas é o meio de eliminar os conflitos emocionais pré e pós separação conjugal.

Nas palavras da Monja Coen[7], a cultura da paz "é uma cultura de tolerância ativa, mas também é, acima de tudo, uma cultura de conhecimento de si".

Olhando para a família, percebemos que todos perdem, mas os mais prejudicados são os filhos que sofrem as consequências de um divórcio mal feito, de dores não curadas, de corações despedaçados, tentando achar um culpado para o desenlace.

Ser um advogado empreendedor não está nos currículos da maioria dos cursos de Direito. O que se estuda lá são leis, normas, decretos, e a vida é muito mais do que isso.

A mudança começa com a alteração do *mindset*[8].

Carol Dweck, professora e pesquisadora da Universidade de Stanford, em seu livro *Mindset*, a nova psicologia de sucesso, é a desenvolvedora dessa teoria, e, segundo ela, existe o *mindset* fixo e o de crescimento, um exemplo do primeiro relacionado às situações difíceis, para quem tem *mindset* fixo, os desafios são difíceis e devem ser evitados, para não manchar a autoimagem, e quem tem *mindset* de crescimento, em uma situação difícil abraça os desafios, entendendo que o torna cada vez mais forte.

No caso da minha cliente que passava por abusos e violência doméstica, estava atrelada ao *mindset* fixo, o medo da mudança a emudeceu por anos, projetava-se no outro, no que as pessoas e os amigos iriam pensar, o que a família pensaria, o que os vizinhos comentariam, como ela iria ser uma mulher separada nessa sociedade machista.

Por meio de produtivas conversas tentei fazer florescer o *mindset* de crescimento dela, fazendo ela observar o seu valor, as oportunidades de uma nova vida, no melhor para os filhos, portanto, todo esforço, por mais difícil que seja, é necessário para o crescimento pessoal, afastando o medo e criando a segurança em novas possibilidades.

---

[7] KARNAL, Leandro. **O inferno somos nós**. Do ódio a cultura de paz. Leandro Karnal/ Monja Coen, Campinas: Papiros 7 Mares, 2018, p. 56.

[8] Conjunto de modelos mentais, das crenças de um indivíduo ou de um grupo, é a visão de crescimento do mundo. Como o indivíduo percebe o mundo.

No Brasil, pelo menos 16 estados, além do Distrito Federal, já utilizam outros métodos para resolução de conflitos. A medida está em conformidade com a Resolução CNJ n.º 125/2010 do Conselho Nacional de Justiça (CNJ), destinada a estimular práticas que proporcionam tratamento adequado dos conflitos.

Tenho acompanhado uma verdadeira revolução na sistemática processual brasileira, visualizar uma advocacia além de litígios é um sonho, uma evolução do profissional operador do Direito e do próprio judiciário, buscando cada vez mais a humanização do sistema como um todo, estipulando planejamento estratégico de ampliação dos centros judiciais de conciliação e mediação, núcleos de Justiça restaurativa e o relevante crescimento do Direito sistêmico.

O Direito sistêmico vê as partes em conflito como membros de um mesmo sistema, ao mesmo tempo em que vê cada uma delas vinculada a outros sistemas dos quais simultaneamente façam parte (família, categoria profissional, etnia, religião etc.) e busca encontrar a solução que, considerando todo esse contexto, traga maior equilíbrio.

Não é simplesmente resolver um problema judicial, existe todo um entorno interpessoal que envolve o litígio.

Diversas são as ferramentas que os operadores do Direito podem utilizar nesse cenário promissor, podemos citar: o Direito sistêmico, as ferramentas do *coaching*, da PNL, das constelações, das mediações, justiça restaurativa, tudo vem para transformar sobremaneira o trabalho e, consequentemente, mudar os rumos das resoluções dos conflitos.

O litígio será cada vez mais visto como uma perda de tempo. Trazer soluções rápidas e apresentar para o cliente a visão de que para ser vencedor um precisa ser perdedor faz ele começar a compreender o sistema de forma coletiva e acolhedora.

O processo ganha x perde é muito desgastante, pois as partes ficam, muitas vezes, por anos rasgando-se para vencer a batalha e no final ambos são de certa forma perdedores. Compreender que o ganha x ganha só ocorrerá se cada um esvaziar um pouco seu copo para receber o outro é a melhor saída na busca da pacificação do conflito. Acolher o ponto de vista do outro, assumindo a sua parcela de culpa, é um verdadeiro salto para que haja a resolução do conflito.

Você já parou para imaginar conflitos sem processos em que o advogado se propõe a intermediar juntamente com seus clientes de uma forma acelerada, humana e respeitosa?

Sabe-se que todo conflito gira em torno de uma visão limitada entre as partes. É como se estivesse operando um amor cego que, por não enxergar outro ponto de vista, ou até mesmo um futuro, pisoteia ao redor do problema e não visualiza nenhuma opção favorável.

E a pacificação do conflito busca a solução do problema, utilizando menos tempo, dinheiro, envolvimento dos familiares e terceiros, eliminando, assim, a resistência e a possessividade.

Aquele que é possessivo no fundo é inseguro por temer perder algo. O famoso orgulho de "dar o braço a torcer". Muitas vezes deixamos algo ir para coisas melhores acontecerem e, assim, ganhamos tempo e produtividade.

Portanto, a justiça restaurativa, o Direito sistêmico, pode gerar uma luz para uma possível cura total no litígio, porque não só resolve a questão material, como também dissolve emaranhados familiares para que no futuro não venha ocorrer novo enrosco, e o operador do Direito que tem esse conhecimento pode fazer gerar muita bonança tanto para si como para o sistema universal. Portanto, a tendência é que as práticas compositivas aumentem com o passar do tempo, mas tudo dependerá de quanto o ser humano está disposto a se conhecer.

Existe uma grande gama de resistentes que está satisfeita como está, mas, por outro lado, existem muitos insatisfeitos que conseguem olhar algo maior acontecendo, e aos poucos vão largando as crenças do tradicional e vão descobrindo novas possibilidades.

É importante frisar que, nas constelações familiares, não existe um sistema padrão, porque cada sistema é único e individual daquele grupo familiar. Sendo assim, toda constelação age sozinha, o facilitador não precisa acompanhar os resultados, porque uma vez aberto o campo, a força do sistema começa a agir, faz com que a pessoa seja beneficiada com um crescimento individual se optar por observar e mudar.

Dessa forma, com toda certeza os processos judiciais vão sendo resolvidos antecipadamente, evitando chegar na fase da instrução processual. Esse é o futuro para quem escolheu a área jurídica.

Não podemos olvidar que por trás de toda essa mudança ainda existe muito preconceito frente às mulheres, causando um grande abalo social, pois oprime a mulher, gerando um grande desafio mundial, como exemplo, destacamos alguns lugares do mundo que ainda perpetuam muitas discriminações com as mulheres, como exemplo destacamos a Rússia, onde existem

465 empregos que as mulheres não podem exercer porque são considerados cansativos e perigosos.

No Iêmen, uma mulher não pode sair de casa sem a autorização de seu marido, inclusive o país regulamenta como as mulheres devem proceder para viajar. No Sri Lanka, se uma mulher trabalha fora, precisa laborar até às 22h. No Guiné Equatorial, a mulher precisa da permissão do marido para assinar um contrato, até mesmo a abertura de uma simples conta bancária. Na Libéria, a mulher é vista como propriedade, portanto, se o marido morre, ela não fica com nada, porque quem é propriedade não pode possuir uma. Na Tunísia, os filhos herdam o dobro das filhas. Em Camarões, a mulher não tem direito legal de laborar fora de casa, dependendo da chancela do marido para ter renda extra. Existem alguns países em todo mundo nos quais a mulher não tem direito à licença-maternidade remunerada, um exemplo é o Estados Unidos. Toda essa desigualdade de gênero reflete a falta de interpretação das escrituras sagradas, as crenças populares, a falta de leis ou a má interpretação delas.

Tomamos, por exemplo a Igreja Católica, em que o sacerdócio só é desenvolvido por homens, com a justificativa que Jesus escolheu somente homens para serem seus apóstolos, mas o que dizer de Maria Madalena, que foi a primeira a ver o Cristo ressuscitado e de disseminar a Boa Nova.

Em todo mundo, todo dia milhares de mulheres são convencidas de que não são boas o suficiente, que não detêm direitos, que não têm capacidade e inteligência, o que acaba infiltrando nas próprias mulheres, quando são elas mesmas a desferir os preconceitos.

3

DA EVOLUÇÃO DAS RELAÇÕES FAMILIARES

As uniões familiares, com o passar do tempo, se diversificaram, criaram novos padrões e formas. Os novos arranjos familiares trouxeram uma nova visão de família, não mais sendo somente a união de um homem e de uma muiher, conforme previsto no art. 1.514 do Código Civil, "o casamento se realiza no momento em que o homem e a mulher manifestam, perante o juiz, a sua vontade de estabelecer o vínculo conjugal, e o juiz os declara casados".

As relações familiares se ampliaram, sendo agasalhadas pela Resolução 175/2013[9] do CNJ que concedeu a garantia e proteção para a união de pessoas do mesmo sexo, bem como, por meio do Enunciado 601 CFJ[10].

O Enunciado 601 do CFJ, tem por justificativa

> O modelo familiar contemporâneo é resultado de um processo lento de evolução traçado em meio às transformações sociais, culturais e econômicas onde a família atua. Apesar da atual necessidade de adaptação da legislação infraconstitucional, conforme se depreende da situação abordada e formalmente instruída pela Resolução do CNJ n. 175, optou o legislador por não incluir, à moldura da norma civil, as construções familiares já existentes, formadas por casais homossexuais. Ao longo da história, a família sempre gozou de um conceito sacralizado, servindo de paradigma a formação patriarcal e sendo aceito, exclusivamente, o vínculo heterossexual. Durante o século XX, com a constitucionalização do Direito de Família, as relações familiares passaram a ser guiadas pelos princípios constitucionais, que primavam pela dignidade da pessoa humana a partir da igualdade entre homens e mulheres, refletindo em uma repersonalização das relações familiares. A finalidade da lei não é tornar a vida

---

[9] Art. 1º É vedada às autoridades competentes a recusa de habilitação, celebração de casamento civil ou de conversão de união estável em casamento entre pessoas de mesmo sexo.
Art. 2º A recusa prevista no artigo 1º implicará a imediata comunicação ao respectivo juiz corregedor para as providências cabíveis.
Art. 3º Esta resolução entra em vigor na data de sua publicação.

[10] É existente e válido o casamento entre pessoas do mesmo sexo.

> imóvel e cristalizá-la, mas sim permanecer em contato com ela, seguir sua evolução e a ela se adaptar. O Direito tem um papel social a cumprir, exigindo que este se adeque às novas situações que se apresentam. O novo modelo da família funda-se sob os pilares da repersonalização, da afetividade, da pluralidade e do eudemonismo, incorporando uma nova roupagem axiológica ao Direito de Família. Sendo assim, visível é a necessidade de interpretação extensiva do citado dispositivo legal, tornando aplicável aos casais homoafetivos a celebração do casamento e a formação do vínculo conjugal. Na Comissão "Família e Sucessões", houve mudança de redação da proposta original apenas para objetivar o reconhecimento jurídico do casamento entre pessoas do mesmo sexo em razão de não haver motivo para apenas admitir a união estável à luz da Constituição Federal.

Houve um tempo em que se falava em família referindo-se àquela estrutura extensa e patriarcal, de cunho econômico, em que o homem era o senhor detentor da última palavra e dava ordens para a mulher. Ao homem competia a gerência e a mantença do lar e a mulher era apenas um acessório doméstico, sem qualquer objetivo ou busca da felicidade dos integrantes da família.

O cristianismo da Idade Média não priorizava o casamento. Naquela época, a mulher vivia no anonimato, não tinha direito da escrita, da fala, de emitir opiniões, reduzindo-se ao lar de forma escrava, sem qualquer direito e cidadania.

"A cabeça da mulher é o homem" (1Cor 11,3). Quando Paulo de Tarso faz essa afirmação, não se trata de uma defesa da autoridade homem sobre a mulher. O termo

(*kephale*) pode ser traduzido em seu sentido metafórico como "fonte".

Nesse sentido, compete ao homem como fonte, nutrir, fortalecer e gerenciar o lar para que a mulher encontre sua vitalidade plena, seja vista como ser humano de direitos e realizações, assim como o homem aspira. A autoridade do homem não deveria ser se colocar na posição de superior na relação doméstica, mas deveria ser aquele que é responsável por cuidar da mulher.

Sempre se ouviu falar e os livros não mentem que a figura do homem como o centralizador do poder, do estudo e da gerencia, como exemplo temos os "pais da Igreja", termo de uso muito antigo para designar os influenciadores na Igreja cristã, como exemplo: Justino Martir, Ireneu de Lião,

Policarpo de Esmirna, Tertuliano de Cartago, Monge Antão, Imperador Constantino, Agostino de Hipona, Diodoro de Tarso, Papa Leão Magno, orientavam e coordenavam as famílias, usando da mulher como objeto e não como ser de direitos.

A verdade é que houve muitas mulheres na Igreja antiga, a exemplo de Maria de Magdala, Maria mãe de Jesus, Lídia, Febe, Priscila, Júnia, Trifena, Trifosa, Pérside, Júlia, Olimpas, e outras que muitas vezes aparecem como anônimas, ainda que dentro de relatos muito breves, mostram que a Igreja não foi constituída na sua base apenas pelos apóstolos, tiveram suas obras e suas conquistas.

Houve mulheres que se destacaram e trabalharam laboriosamente pelo acolhimento e anúncio do evangelho de Jesus Cristo, testemunhando-o com suas vidas. Todas elas com qualidades nobres, sobretudo as mártires e as virgens que viveram de modo consagrado a Deus, e demonstraram muita força, tanto é que Jesus aparece para uma mulher após sua morte.

Mas devemos lembrar que, na sociedade antiga, as mulheres raramente aprendiam a ler e escrever, e, ainda hoje, em muitos países como na Índia, nas castas mais baixas, muitas meninas e mulheres não têm acesso à escola, vivem na miséria sub-humana, e o maior desejo delas é: "ter um professor".

A educação é um grande passo para o empoderamento das mulheres, um caminho que começa com uma boa alimentação na infância, o carinho, o afeto e o planejamento familiar, assim abrirá portas para um futuro promissor, para que não dependam financeiramente de homem algum, são observações feitas por Melinda Gates, durante sua jornada como presidente da Fundação Bill & Melinda Gates.

Em 2014, Malala se tornou a pessoa mais jovem a receber um Prêmio Nobel da Paz, uma jovem paquistanesa que levou um tiro do Talibã em 2012, quando tinha 15 anos, foi um verdadeiro atentado contra uma ativista, com o objetivo de silenciá-la. Seu pai a incentivou fazer um blog relatando sua vida de menina que frequentava a escola no Talibã, algo desafiador para o local, onde mandar garotas para escola é um ataque direto à crença de que o dever da mulher é servir o homem.

As postagens de Malala tiveram uma ampla repercussão e o arcebispo Desmond Tutu indicou-a para o Prêmio Internacional da Criança. Sua frase conhecida mundialmente, "uma criança, um professor, um livro e um lápis podem mudar o mundo", traz à tona o quanto o mundo mudou, mas, continua pecando com as crianças, principalmente meninas.

A vida das mulheres no mundo greco-romano e palestinense no período entre 200 a.C. e 200 d.C. foram marcadas pela submissão na sociedade e família. Mulheres eram mantidas reclusas em suas casas, não eram consideradas cidadãs, não participavam dos assuntos da pólis e *ekklesia*. Em suas famílias dependiam do pai, do marido e depois do filho mais velho, e assim, geração após geração eram sufocadas em seus sonhos e desejos. Nas celebrações religiosas elas tinham a liberdade de participar da vida fora do *oikos*, isso na sociedade greco-romana, no entanto, na sociedade palestinense sofriam restrições quanto à sua participação no culto.

Um dos trechos da bíblia que mais gera dúvidas e controvérsias hoje em dia é aquele em que São Paulo diz, na carta aos efésios, que "a esposa deve ser submissa ao seu marido". Esse termo *submissão* na época não tinha o tom ofensivo de hoje, não tinha o sentido negativo como obediência irrestrita, servidão, inferioridade. Essa submissão é literal, o marido é chefe do lar, pois o marido é a cabeça da mulher como Cristo é a cabeça da Igreja, como dizia o Papa Leão XIII[11].

Portanto, o marido precisa ser um chefe-servidor, assim como Jesus que veio para servir e não ser servido. Assim, o marido deve tratar bem sua esposa, que é carne de sua carne. Essa submissão, descrita na bíblia, é que o amor tem uma ordem, assim, sem a caridade cristã o homem não é a cabeça da família e sim um tirano, e a ordem se perde, virando submissão.

Porém, é preciso deixar claro que nessas sociedades existiram mulheres que agiam diferente, em relação a essas restrições. Ao assumirem as mesmas funções que os homens, eram vistas como masculinizadas. Elas conviviam com a liberdade e as restrições sociais, culturais e econômicas de seu tempo, mas eram criticadas e desvalorizadas. Por isso, o movimento iniciado por Jesus inovou, trazendo o ideal de liberdade vivenciado no helenismo. Trazer o amor ao próximo foi o maior objetivo do mestre Jesus.

É nesse contexto que podemos falar de Maria Madalena e sua importância no cristianismo primitivo, nos textos dos Evangelhos. Como exemplo segue o poema: "O trovão, a mente perfeita"[12]

> Eu sou a primeira e a última.
>
> Sou a honrada e a menosprezada, sou a prostituta e a santa.
>
> Sou a esposa e a virgem.

---

[11] Carta encíclica. **Arcanum divinae sapientiae** de Leão XIII, d10 de fevereiro de 1880.

[12] É um poema descoberto entre os manuscritos gnósticos na Biblioteca de Nag Hammadi (Códice VI).

> Sou aquela cujas núpcias são esplendidas, e não tive marido.
>
> Sou a estéril cujos filhos são numerosos.

Por orientação do imperador Constantino, o cristianismo começou a ter influência na regulamentação normativa da família, lá pelo ano 324, com o início do Edito de Tolerância de Milão.

No Concílio de Niceia, a Igreja promove o primeiro evento para discutir a fé cristã, que contou com a participação de vários bispos da região do império.

Na cidade de Niceia da Bitínia, hoje Iznik, Turquia, aconteceram todas as edições do concílio, que no total foram 21 assembleias, nas quais foram discutidos temas como: a consagração de Maria; a retomada da Terra Santa; a ordem dos templários; o planejamento das cruzadas; a adequação dos planejamentos da Igreja ao mundo; infalibilidade papal; entre outros.

Foi com o Concílio de Niceia que a Igreja Católica deixou de ser uma mera corporação para se constituir em sujeito de Estado, por meio dos Cânones Eclesiásticos, e começou o apoio ao instituto do casamento, com intenção de dar força à Igreja de Cristo.

Daí para diante, as questões de casamento como separações e divórcios eram assuntos da Igreja, por meio dos tribunais eclesiásticos.

A veneração à Virgem Maria permitiu que o homem medieval projetasse respeito à figura da mulher, ampliando a sua admiração pelo sexo feminino. Porém, as primeiras formas de casamento eram vistas como ferramentas de manutenção de relacionamentos entre grupos sociais, uma forma de poder, a mulher era instrumento de manipulação política, social e de poder.

As sociedades tribais anglo-saxãs, por exemplo, viam no casamento uma forma de estabelecer alianças e conquistar aliados, constituindo relações diplomáticas e laços econômicos, sem qualquer cunho afetivo.

Até o século XI, os casamentos eram arranjados pelas famílias dos noivos, que buscavam conseguir perpetuar alianças ou a manutenção do poder econômico familiar ao promoverem casamentos entre famílias com posses maiores ou de tamanho similar. O casamento era visto como uma oportunidade de trocas, de favores e de status.

Com o advento do Concílio de Trento, houve reconhecimento da formação da família, mas ainda de forma discreta. O consentimento do casamento só passou a fazer parte da tradição a partir de 1140, com o Decreto de Graciano, que trata sobre o direito canônico, estabelecendo regras de conduta e normatizando costumes da Igreja Católica, ampliando a legislação.

O consentimento ou a manifestação voluntária em relação à vontade de unir-se em matrimônio, passou a ser, a partir do século XII, condição para que o casamento fosse realizado, antes disso, não era necessário nenhum consentimento, "arranjavam-se" enlaces para cumprir interesses, firmar tratados, assegurar instabilidade econômica da região, nunca prevalecia o interesse individual e o amor, ou seja, a felicidade e o afeto não tinham vez. A escolha dos noivos nunca foi privilegiada.

Com a criação da Igreja Anglicana, em 1534, e a dissolução do casamento entre o rei inglês Henrique VIII e a rainha espanhola Catarina de Aragão, ocorreu um marco importante para a contestação do caráter permanente da união matrimonial. Foi a partir de 1670 que a indissolubilidade do casamento passou a ser contestada, tomando outros rumos e nascendo o verdadeiro sentido do casamento. Muitas decisões parlamentares promoviam a quebra de relações matrimoniais para casos e pessoas específicas, o que se tornou a premissa do divórcio que conhecemos hoje.

A partir de 1836, na Europa, o casamento deixou de ser um ato exclusivamente religioso, passando a ser possível a união civil, e não religiosa, ou, ainda que pessoas não católicas ou de outras religiões se casassem de acordo com seus próprios preceitos, começando a alargar as oportunidades de escolhas.

Nós, ocidentais, vivemos em um mundo onde as viúvas têm o direito de herdar os bens de seu marido (salvo em casos específicos), muitas vezes recebem uma pensão e, se assim desejarem, podem namorar e se casar novamente.

Até o século XIX, era comum que uma viúva indiana se lançasse na fogueira da pira em que estava sendo queimado o cadáver de seu marido com o intuito de morrer junto com ele. Ainda que tivesse amor pela vida, muitas preferiam ter a morte como "honra" a viver como párias na sociedade. Isso porque na Índia a mulher é vista como extensão do homem, perdendo sua dignidade ao ficar sem ele.

Hoje são raros os casos de viúvas indianas que realizam esse ritual, conhecido como *Sati*, porém vivem como verdadeiras mortas-vivas, porque logo que perdem seus maridos precisam usar roupas brancas (cor que representa o luto) e perdem seus bens, vivendo como mendigas, e isso acontece em pleno século XXI. Portanto, há séculos que podemos dizer que é uma imensa sorte nascer e viver em nações judaico-cristã.

Em 2011, uma mulher chamada Sheima Jastaniah foi condenada a levar dez chibatadas por ter sido flagrada dirigindo um automóvel. Na legislação oficial da Arábia Saudita, a tradição religiosa proíbe mulher de dirigir, apenas pode ir de carona, sendo um verdadeiro atendado ter interesse em aprender dirigir e fazer manobras. Assim, sem poder dirigir é impossível ver mulheres sauditas poderem estudar livremente, trabalhar no que desperta vontade, precisam de um homem sempre a tiracolo, orientando e conduzindo.

No Brasil, a instituição do casamento sofreu grande influência do Direito português, durante o período colonial, com o auxílio das Ordenações Afonsinas (1521), Ordenações Manuelinas e por último em (1603) as Ordenações Filipinas.

No século XVI, com o fortalecimento da autoridade do rei, o renascimento do Direito romano e a pressão exercida pela Reforma Protestante, com Martinho Lutero e Calvino, acabaram levando o Estado a reivindicar a competência para legislar as questões de Direito de família.

Com a vigência do Código Civil em 1916, o Direito de família era o próprio casamento, com grande influência católica como sacramento, tendo o homem como o chefe do grupo familiar, sendo que a mulher só executava suas ordens, fato este que durou mais de 40 anos até entrar em vigor o Estatuto da Mulher casada no ano de 1970.

A mulher viveu cerca de 426 anos, desde o descobrimento do Brasil, como incapaz, sendo manuseada e coordenada pelos interesses estatais e do homem, precisava servir e nada mais que isso. A mulher praticamente não existia, apenas servia, não sendo considerada um ser humano com direito de expor seus sentimentos seus interesses, seus desejos e seus sonhos.

A Constituição Federal de 1988 trouxe a igualdade de gêneros, no artigo 226, parágrafo 5°, "Os direito e deveres referentes à sociedade conjugal são exercidos igualmente pelo homem e pela mulher", estabelecendo equilíbrio dentro do lar conjugal, nos direitos e deveres, na busca pela felicidade de cada membro, na inclusão de novos eixos, como: família, jovens, adolescentes, idosos, menores, rompendo a família *pater* de 1916.

Modernamente temos a família pautada no afeto, reduzida, simplificada, valorizando o amor. A mulher ascende no mercado de trabalho com sucesso e passa a contribuir para as despesas do lar e a coparticipação do marido no papel do cuidado aos filhos. Ambos os seres são humanos, detentores de sonhos e anseios, portanto, uma visão mais humana é direcionada às relações familiares a partir da nossa Carta Magna de 88.

Hoje, temos a família monoparental, a homoafetiva, a paralela, a anaparental, a adotiva e tantas outras formas de entidades familiares. E, apesar de suas peculiaridades, todas elas têm em comum o ponto fundamental de sua formação: o afeto. O vínculo afetivo é o novo paradigma para a organização da entidade familiar.

Já o princípio da dignidade da pessoa humana modifica a perspectiva do direito, colocando o ser humano no centro das suas atenções, com o foco em si mesmo e no respeito do ser humano.

A diversidade de modelos familiares nasceu de laços de afinidade, de aumento do número da população, do crescimento dos centros urbanos, da cultura, da liberdade sexual, dos métodos contraceptivos, do empoderamento feminino, e de muitas outras descobertas e desenvolvimentos que rodeiam o empoderamento feminino.

Não há mais que se falar em hierarquia na relação familiar. A sociedade mudou e as famílias consequentemente atingiram padrões diferentes.

Hoje, com a presença da mulher no mercado de trabalho, a mulher deixa de ser propriedade familiar e passa da posição de reprodutora para produtora, o que representou um importante passo para a sua libertação e evolução.

O próprio Código Civil, em seu art. 1.567 e 1.568, nos diz: "A direção da sociedade conjugal será exercida, em colaboração, pelo marido e pela mulher, sempre no interesse do casal e dos filhos", e menciona essa igualdade entre os cônjuges nas obrigações familiares, tendo por objetivo o bem comum e o interesse dos filhos.

A Constituição Federal, no seu art. 226, também ressalva que a família é a base da sociedade e os direitos e deveres são exercidos igualmente entre homens e mulheres.

A doutrina amplia o entendimento, caracterizando que o que une a família não é só a formalidade do casamento, mas o companheirismo, o respeito mútuo, ainda que seja uma família monoparental ou anaparental.

Antigamente as famílias eram extensas, hierarquizadas e patriarcais, era dado estímulo ao matrimônio e à procriação, já que a família representava a força econômica e produtiva. A mulher laborava dentro do lar e cuidava dos filhos e o homem saía à caça de alimentos, para sustentar a família.

O casamento no Brasil, durante os três primeiros séculos, era algo restrito a poucas famílias abastadas, e representava prestígio, dado o seu custo elevado e burocracia da Igreja que restringia o interesse pelo culto religioso, o restante da população pobre mantinha uniões simples, não reconhecidas pela Igreja Católica.

Havia a aceitação da Coroa portuguesa quanto a essas uniões tidas como ilegais, eis que representavam a multiplicação de mão de obra.

Com a vinda da Família Real portuguesa ao Brasil, as famílias começaram a se formar com mais frequência, pois foi diminuída a figura patriarcal, como ocorreu na época das lavouras do café no século XIX.

Com base na obra de Gilberto Freyre *Casa Grande e Senzala*, a estrutura patriarcal conservadora foi influenciada pela colonização portuguesa e se manteve muito viva na história da família brasileira no período colonial.

A partir do processo de industrialização com a ida das famílias para os centros urbanos e com o ingresso das mulheres no mercado de trabalho, as famílias se modificam, fazendo com que a mulher se torne produtora e não só reprodutora.

Assim, as famílias passam a ser nucleares – formadas por mãe, pai e filhos. As mulheres passam a exercer a função produtiva com mais ênfase do que a função meramente reprodutiva.

Já na segunda metade do século XX, estão presentes mudanças mais expressivas na comunidade familiar, tendo em vista os movimentos feministas, hippies, estudantis, que acaloraram as descobertas e fizeram com que as mulheres saíssem às ruas e perdessem um pouco da vergonha de se expor ao público.

Além disso, é definitiva a entrada das mulheres no mercado de trabalho, após a difusão da pílula anticoncepcional, com o surgimento de novos valores para a criação dos filhos e a impessoalidade nas relações sociais.

Aqui lentamente os casais vão compreendendo o que querem e não estão mais vinculados às exigências da Igreja que até então era o padrão. Esse processo de evolução da família contemporânea é assim resumido por Rodrigo da Cunha Pereira e Maria Berenice Dias[13]:

> A travessia para o novo milênio transporta valores totalmente diferentes, mas traz como valor maior uma conquista: a família não é mais um núcleo econômico e de reprodução, onde sempre esteve instalada a suposta supe-

---

[13] PEREIRA, Rodrigo da Cunha e DIAS, Maria Berenice. Direito de Família e o novo Código Civil. 3. ed. ver. Atual. e ampl., Belo Horizonte: Del Rey, 2003. p. xiv. (Prefácio à Segunda Edição).

> rioridade masculina. Passou a ser muito mais um espaço para o desenvolvimento do companheirismo, do amor, e, acima de tudo, o núcleo formador da pessoa e elemento fundante do próprio sujeito.

Somente com o advento do Estatuto da Mulher Casada (1970), a mulher conquistou o direito de poder exercer uma atividade profissional e lucrativa diversa da exercida pelo marido, passou a poder administrar o patrimônio adquirido como fruto de seu trabalho e, só então, pôde ajuizar ação sem a autorização de seu cônjuge.

A Lei 6.015/77, que autoriza o divórcio, foi uma grande evolução para as relações familiares, que muitas vezes eram sufocadas por crenças familiares. Nela, ainda se perquiria culpa ou se poderia imputar ao outro cônjuge fato que tornasse a vida em comum insuportável. Apesar da previsão legal, a mulher divorciada ainda sofria preconceito na sociedade, o que vem mudando ao longo do tempo, com o ainda frágil fortalecimento da voz das minorias, o que respinga ainda nos dias de hoje.

Mas é a Constituição Federal de 1988 que consolida grandes evoluções sociais em nosso ordenamento, um exemplo disso é a igualdade entre filhos, sejam eles dentro ou fora do casamento, sejam eles biológicos ou adotivos.

Fica reconhecido ainda um conceito de família alargado, garantindo proteção àquela família formada pelo casamento civil, pelo casamento religioso com efeitos civis, pela união estável entre homens e mulheres e famílias monoparentais, formadas por um dos genitores e seus filhos.

Após a promulgação da Carta Magna de 88, muitas outras leis, emendas constitucionais e decisões judiciais foram, e continuam sendo, fundamentais para a compreensão desse novo paradigma familiar, que vem se amoldando à realidade do século XXI.

Temas como proteção das crianças e adolescentes, relações homoafetivas, guarda compartilhada, união estável, o divórcio direto, estatuto do idoso, e também por que não exemplificar o projeto do divórcio impositivo, são alguns exemplos dessas inovações que buscam acompanhar, dentro do possível, as transformações sociais. A Lei Maria da Penha, por exemplo, traz cristalizado em seu art. 5.º, inciso II, o conceito moderno de família, tendo no afeto seu elemento caracterizador. Além disso, seu parágrafo único esclarece que tais organizações familiares independem da orientação sexual de seus membros, estendendo assim, o conceito de família às relações homoafetivas.

A guarda compartilhada veio prevista na Lei n.º 11.698 de 2008, distribuindo entre os genitores a responsabilidade e o exercício de direitos e deveres típicos do poder familiar em relação aos filhos. Trata-se do resgate ao ambiente harmônico, com a efetiva participação dos pais na educação e formação de sua prole, evitando assim a alienação parental.

Cumpre-me aqui fazer uma importante distinção entre os dois modelos de guarda existentes no ordenamento jurídico brasileiro, quais sejam, a guarda prevista no Estatuto da Criança e do Adolescente – ECA (Lei n.º 8.069/90) e aquela disciplinada no Código Civil. A primeira é considerada como uma das espécies de colocação em família substituta, ao lado da tutela e da adoção, pressupondo, portanto, a perda do poder familiar, e deve ser aplicada como medida específica de proteção ao menor (art. 101, VIII, do ECA), estando disciplinada nos artigos 33 a 35 do ECA. Já a segunda decorre da separação, divórcio ou dissolução da união estável dos genitores do menor, integrando o poder familiar como especialização do seu exercício, tendo o seu regramento nos artigos 1.583 a 1.590 do Código Civil, no Capítulo da Proteção da Pessoa dos Filhos.

Essa última modalidade de guarda compreende duas outras espécies, a saber: a guarda unilateral e a guarda compartilhada, o que ficou muito claro na nova redação do *caput* do art. 1.583, dada pela Lei n.º 11.698/08, segundo a qual "a guarda será unilateral ou compartilhada".

A guarda unilateral, como regra geral, é aquela exercida exclusivamente por um dos genitores, decorrente de acordo estabelecido entre eles ou por determinação judicial, neste caso se não for recomendável o exercício da guarda compartilhada, o que após o ano de 2014, passou a ser a regra geral.

Excepcionalmente, porém, a guarda unilateral pode ser atribuída a terceiros (levando-se em conta o grau de parentesco e a relação de afinidade e afetividade), em atenção ao princípio do melhor interesse do menor, quando os pais não demonstrem condições para o exercício dessa vertente do poder familiar, a exemplo de pais viciados em drogas, sem ocupação regular, com práticas de violência contra os filhos.

A guarda compartilhada implica exercício conjunto, simultâneo e pleno do poder familiar, afastando-se, portanto, a dicotomia entre guarda exclusiva, de um lado, e direito de visita, do outro.

Com essa medida, fixa-se o domicílio do menor na residência preferencial de um dos genitores, mas ao outro é atribuído o dever de continuar cumprindo intensamente o poder familiar, por meio da participação cotidiana nas questões fundamentais da vida do seu filho, tais como estudo, saúde, esporte e lazer, o que vem a descaracterizar a figura do "pai/mãe de fim-de-semana".

É certo que a guarda compartilhada não elimina, por exemplo, a clássica obrigação de pagamento de pensão alimentícia a ser assumida por um dos genitores. Não obstante, ela visa essencialmente ampliar os horizontes da responsabilidade dos pais, fomentando, em verdade, uma corresponsabilidade, uma pluralidade de responsabilidades na educação do filho, enfim, uma colaboração igualitária na condução dos destinos do menor.

Posteriormente, foi promulgada a Lei n.º 13.058/2014, em que a mudança legislativa decorrente da nova lei torna a guarda compartilhada a regra, ou seja, na apreciação do caso, o juiz deve dar prioridade a esse tipo de guarda, deixando a unilateral apenas para os casos excepcionais.

Assim, a guarda compartilhada deve ser aplicada mesmo que haja discordância entre os pais. Esse regime de guarda só deve ser descartado quando for verificado que um dos genitores abre mão da guarda ou não esteja apto para cuidar do filho, gerando riscos para criança.

Outra grande evolução no instituto das famílias foi a Emenda Constitucional n.º 66/2010 que trouxe ao nosso ordenamento o divórcio direto, em que não há mais a necessidade de prazo para a concessão do divórcio. Assim, para a dissolução do casamento é apenas preciso a manifestação de vontade de um membro do casal. Ou seja, para casar precisa o consentimento de dois e para separar de um só.

Dessa forma, a mulher foi tendo espaço, foram garantidos direitos e o conceito do Direito das famílias está em constante evolução, oportunizando principalmente para a mulher mais proteção e acesso aos seus direitos.

Atualmente vemos que o ano de 2020 terminou com uma onda de casos de feminicídios que chocaram o país. As notícias revelaram como a mulher ainda ocupa um lugar vulnerável, apesar das constantes mudanças, e está suscetível às várias formas de violência, inclusive doméstica e familiar, mesmo após a promulgação da Lei 13.104/2015, que trata especificamente sobre o feminicídio.

Um grande marco na luta pelas mulheres é a Lei Maria da Penha (11.340/2006), que completou 15 anos em agosto de 2021, e segue em constante atualização e aprimoramento.

O racismo também foi escancarado no Brasil e no mundo ao longo de 2020, o que nos faz novamente refletir que a vida negra importa em muito no mundo, inclusive, especialmente no Brasil, devemos ter muito respeito e consideração por todas as raças, sabendo da intensa diversidade do nosso país. Os protestos contra a discriminação, o preconceito e o extermínio das populações negras se intensificaram em maio de 2020, após George Floyd ser assassinado por policiais brancos nos EUA.

Por aqui, entre vários outros casos, João Alberto Silveira Freitas foi morto por seguranças em um supermercado de Porto Alegre na véspera do Dia da Consciência Negra, fato que revela a necessidade de mantermos as ações afirmativas e a efetividade das leis existentes.

Em novembro de 2020, o ministro Luiz Fux, presidente do Supremo Tribunal Federal – STF, retirou da pauta a Ação Direta de Inconstitucionalidade – ADI 5.668, que trata da abordagem da diversidade de gênero e orientação sexual nas escolas. A ADI 5.668 demanda que o Plano Nacional de Educação (Lei 13.005/2014) seja interpretado conforme a Constituição Federal, reconhecendo o dever das escolas públicas e particulares de prevenir e coibir discriminações por gênero, identidade de gênero e orientação sexual, bem como de respeitar a identidade de crianças e adolescentes LGBT no ambiente escolar.

Outra questão também atual que também ainda não está pacificada é o divórcio impositivo que teve avanços no âmbito do Poder Judiciário no ano de 2020. A Corregedoria Geral da Justiça do Tribunal de Justiça de Pernambuco editou o provimento n. 06/2019 para tratar do que chamou de "Divórcio Impositivo". A proposta de redação do provimento foi do Des. Jones Figueiredo Alves, um dos maiores civilistas brasileiros. Segundo a ementa do provimento, o regulamento

> [...] cria o procedimento de averbação, nos serviços de registro civil de casamentos, do que se denomina de 'divórcio impositivo' e que se caracteriza por um ato de autonomia de vontade de um dos cônjuges, em pleno exercício do seu direito potestativo, no âmbito do Estado de Pernambuco, e dá outras providências. (ALMEIDA, 2022, s/p).

É importante dizer que a proposta do divórcio impositivo é importante não só na linha de desburocratização dos pedidos judiciais, como também no sentido de retirar do juiz questões que podem ser resolvidas no âmbito extrajudicial, ajudando a desafogar o trabalho do Poder Judiciário.

Nesse sentido, o que o provimento fez, a rigor, foi criar mais uma via disponível para a parte interessada obter o divórcio, nesses mesmos termos, qual seja, a via extrajudicial, apesar de ser bem individualizada. Assim, o interessado continua podendo requerer o divórcio judicialmente e, no âmbito do estado de Pernambuco, pode também requerer extrajudicialmente, embora algumas ponderações devam ser feitas em torno de questões formais relativas ao provimento, o que se fará mais adiante.

Como dito, o provimento regula apenas os atos praticados no âmbito do estado de Pernambuco. Assim, os Registradores Civis de Pessoas Naturais daquele estado, e agora também do estado do Maranhão, onde já há provimento semelhante, estão autorizados a receber o pedido de divórcio realizado por um só dos membros do casal e averbá-lo.

Por fim, quanto às críticas que surgiram não só por afrontar o art. 22, I da Constituição Federal, mas, sobre a eventual insegurança patrimonial para o outro cônjuge que não quer participar do eventual procedimento extrajudicial, há de se considerar que o próprio provimento tratou de mencionar a necessidade de notificação formal e prévia do interessado.

Dessa forma, a parte que não participa do ato poderá, eventualmente, após receber a notificação, impugnar qualquer ato que tenha por finalidade provocar ou facilitar fraude patrimonial.

Foram várias as decisões dando conta do direito potestativo que é a separação, independentemente da vontade do outro cônjuge. Ainda assim, alguns magistrados se mostram resistentes em atender tais demandas.

A respeito do tema o IBDFAM noticiou que "uma mulher precisou recorrer ao Tribunal de Justiça de Santa Catarina (TJSC) após o juízo de primeiro grau negar seu pedido de divórcio.". A desembargadora responsável pelo caso atendeu a fundamentos da Constituição Federal, do Código Civil e da Emenda Constitucional 66/2010, formulada em parceria com o Ibdfam.

Conforme as razões recursais, o divórcio é um direito potestativo e, portanto, pode ser exercido por tão somente um dos cônjuges, independentemente de autorização do outro, ou seja, não há que se falar em oposição ou necessidade de contraditório para viabilizá-lo.

Outro assunto bem importante nas relações familiares são as discussões sobre o lugar dos animais de estimação após o divórcio, tema da mais recente edição da *Revista Informativa do Ibdfam*, as famílias multiespécies ainda enfrentam desafios.

Em 2020, entraram em vigor leis em prol dos animais, mas situações como a guarda compartilhada de *pets* e a judicialização dessas questões, ainda dividem opiniões entre especialistas.

Em dezembro de 2020, o Tribunal de Justiça do Rio Grande do Sul (TJRS) decidiu que é do juízo da Vara de Família a competência material para resolver conflitos envolvendo custódia de animais de estimação adquiridos pelas partes no curso da união estável por elas vividas. A 1.ª Vara de Família do Foro Regional do Alto Petrópolis havia entendido que o feito não envolve matéria da competência das Varas de Família, razão pela qual suscitou o conflito.

A resolução n° 418, de 20 de setembro de 2021 do CNJ, que busca atender as metas da ONU, agenda 2030, fomenta a participação ativa das mulheres nos ambientes de decisão. Essa resolução representa um avanço no que se refere a igualdade de gênero pois consolida a política nacional de incentivo a participação feminina no poder judiciário, sobretudo em eventos institucionais, citações de obras jurídicas de referência, e em comissões de concursos e bancas examinadoras.

Diante disso, percebemos como a legislação segue o rumo das mudanças, apesar de que muitas vezes está a passos lentos de acompanhar as mudanças sociais e as necessidades diárias das famílias.

4

O DIVÓRCIO E SUA EVOLUÇÃO NO BRASIL

O matrimônio, antes indissolúvel, também passou por grande evolução, o que contribuiu para o fortalecimento da mulher, enquanto sujeito de direito e deveres, e para o fortalecimento da própria família. O divórcio vem para dar liberdade e fortalecer ainda mais a mulher.

Com advento da nossa Carta Magna ocorreu um divisor de águas, pois nasceram novos contornos à entidade familiar, além de ter contribuído para o processo de despatrimonialização do Direito de Família, para a sua repersonalização, ou seja, fundar seus objetivos e institutos da pessoa conectado aos sentimentos, motivo pelo qual os princípios constitucionais, em especial o princípio da dignidade da pessoa humana, ganharam importância e reconhecimento.

Portanto, as Constituições que antecederam a de 1988 refletiam os ideais do Cristianismo e fomentaram diversas discussões até a década de 1977, quando foi aprovada a Emenda Constitucional n.º 09/1977, alterando o texto da Constituição de 1969, e permitindo que discussões fossem travadas em torno da aprovação da legislação infraconstitucional para disciplinar a dissolução do casamento de uma forma mais ampla e completa.

Assim sendo, ainda no ano de 1977 veio à lume a Lei do Divórcio, que apesar de críticas configurou um divisor de águas na história do divórcio, pois permitiu a dissolução do matrimônio, dando independência aos genitores, principalmente à mulher que estava abafada na relação conjugal.

Porém, foi a Constituição de 1988 que veio dar sucessivas alterações na Lei do Divórcio, o que somente cessou com o advento do Código Civil de 2002, que disciplinou a matéria em sua inteireza, mantendo o procedimento prévio, denominada separação judicial, ao lado do divórcio, que podia se dar por conversão ou de forma direta, observados os prazos legais.

Mas foi o advento da Emenda Constitucional n.º 66/2010 que transformou significativamente o instituto, suprimindo o instituto da separação judicial, afastando as discussões do elemento culpa e excluindo a exigência de lapso temporal.

Acontece que o Direito é uma ciência dinâmica, e sofre alterações para se adequar aos anseios da sociedade, buscando sempre evoluir e trazendo grandes melhoramentos conforme crescemos e evoluímos.

No Brasil Império, inúmeras foram as tentativas de redução do poder da Igreja em matérias do estado e, no Brasil República, de diminuição da interferência do Estado na vida privada.

O divórcio direto, ou seja, sem a prévia da separação e seu lapso temporal, é uma conquista política e social da sociedade brasileira, como se verá, a seguir, por meio de um pequeno resumo da evolução histórica[14], publicada pelo Instituto Brasileiro do Direito de Família (IBDFAM).

Segue um quadro cronológico da evolução do divórcio no Brasil.

1827 – Proclamação da Independência e a instauração da monarquia (1822-1899), o Brasil permaneceu sob influência direta e incisiva da Igreja, em matéria de casamento. O Decreto de 03.11.1827 firmava a obrigatoriedade das disposições do Concílio de Trento e da Constituição do Arcebispado da Bahia, consolidando a jurisdição eclesiástica nas questões matrimoniais.

1861 – No Brasil Império, houve a primeira flexibilização da Igreja Católica. Decreto 1.144, de 11.09.1861 regulou o casamento entre pessoas de seitas dissidentes, de acordo com as prescrições da respectiva religião.

1889 – Proclamada a República, em 15 de novembro de 1889, houve a separação entre a Igreja e o Estado e a necessidade de regular os casamentos.

1891 – Ante a persistência da realização exclusiva do casamento católico, foi expedido novo Decreto, no 521, em 26 de junho de 1890, dispondo que o casamento civil, deveria preceder as cerimônias religiosas de qualquer culto. Ponto de grande evolução pois, foi disciplinada a separação de corpos, sendo indicadas as causas aceitáveis: adultério; sevícia ou injúria grave; abandono voluntário do domicílio conjugal por dois anos contínuos; e mútuo consentimento dos cônjuges, se fossem casados há mais de dois anos.

1893 – O Deputado Érico Marinho apresentou a primeira proposição divorcista.

1900 – O deputado provincial Martinho Garcez ofereceu, no Senado, projeto de divórcio vincular. A proposição foi repelida.

---

[14] Publicado pelo Instituto Brasileiro do Direito de Família. Disponível em: https://ibdfam.jusbrasil.com.br/noticias/2273698/a-trajetoria-do-divorcio-no-brasil-a-consolidacao-do-estado-democratico-de-direito. Acesso em: 1 fev. 2021.

1901 – O jurista Clóvis Beviláqua apresenta, seu projeto de Código Civil. Duramente criticado pelo então senador Rui Barbosa e por vários juristas. Tal como no direito anterior, permitia-se o término da sociedade conjugal somente por via do desquite, amigável ou judicial. A sentença do desquite apenas autorizava a separação dos cônjuges, pondo termo ao regime de bens. No entanto, permanecia o vínculo matrimonial. A enumeração taxativa das causas de desquite foi repetida: adultério, tentativa de morte, sevícia ou injúria grave e abandono voluntário do lar conjugal (art. 317). Foi mantido o desquite por mútuo consentimento (art. 318). A legislação civil inseriu a palavra desquite para identificar aquela simples separação de corpos.

1934 – A indissolubilidade do casamento torna-se preceito constitucional na Constituição do Brasil, de 1934.

1937 – A Constituição de 1937 reiterou que a família é constituída pelo casamento indissolúvel, sem se referir à sua forma (art. 124). O mesmo preceito foi repetido nas constituições de 1946 e de 1967.

1946 – Ainda na vigência da Constituição de 1946, várias tentativas foram feitas no sentido da introdução do divórcio no Brasil, ainda que de modo indireto.

1969 – De acordo com a Carta outorgada pelos chefes militares (Emenda Constitucional n. 1/69), qualquer projeto de divórcio somente seria possível com a aprovação de emenda constitucional por dois terços de senadores (44) e de deputados (207).

1975 – Apresentada emenda à Constituição de 1969 (EC n. 5, de 12.03.1975), permitindo a dissolução do vínculo matrimonial após cinco anos de desquite ou sete de separação de fato. Em sessão de 8 de maio de 1975, a emenda obteria maioria de votos (222 contra 149), porém insuficientes para atingir o *quorum* exigido de dois terços.

1977 – O divórcio foi instituído oficialmente com a emenda constitucional número 9, de 28 de junho de 1977, regulamentada pela lei 6.515 de 26 de dezembro do mesmo ano. De autoria do senador Nelson Carneiro, a nova norma foi objeto de grande polêmica na época, principalmente pela influência religiosa que ainda pairava sobre o Estado. A inovação permitia extinguir por inteiro os vínculos de um casamento e autorizava que a pessoa casasse novamente com outra pessoa.

1988 – A Constituição de 1988, em seu artigo 226, estabelece que o casamento civil pode ser dissolvido pelo divórcio desde que cumprida a separação judicial por mais de um ano nos casos expressos em lei, ou comprovada separação de fato por mais de dois anos". Merece destaque especial, no texto da Constituição e seu regulamento no Código Civil (2002), o reconhecimento de outras formas de constituição familiar, além da via do casamento, incluindo o reconhecimento de uniões estáveis.

1989 – A Lei 7.841, de 17.10.1989, revogou o art. 38 da Lei do Divórcio (1977), eliminando a restrição à possibilidade de divórcios sucessivos.

> **2007** – Promulgada a lei 11.441/2007 – O divórcio e a separação consensuais podem ser requeridos por via administrativa. Dispensa a necessidade de ação judicial, bastando que as partes compareçam assistidas por um advogado, a um cartório de notas e apresentar o pedido. Tal facilidade só é possível quando o casal não possui filhos menores de idade ou incapazes e desde que não haja litígio.
>
> **2009** – A Lei 12.036/2009 modificou a Lei de introdução ao Código Civil (Art. 7º§ 6º), compatibilizando o lapso temporal do divórcio realizado no estrangeiro com a sistemática constitucional.
>
> **2010** – Aprovada em segundo turno a PEC do Divórcio, restando sua promulgação pelas respectivas casas legislativas, Câmara dos Deputados e Senado Federal. A pretensão normativa foi sugerida pelo Instituto Brasileiro de Direito de Família (IBDFAM), pretendendo modificar o §6º do art. 226 da Constituição Federal. O casamento civil pode ser dissolvido pelo divórcio, sendo suprimido o requisito de prévia separação judicial por mais de 1 (um) ano ou de comprovada separação de fato por mais de 2 (dois) anos. Aprovado, finalmente, o divórcio direto no Brasil.

Conforme verificado no quadro, até o ano de 1977, quem casava, permanecia com um vínculo jurídico para o resto da vida. Caso a convivência fosse insuportável, poderia ser pedido o chamado *desquite*, que interrompia com os deveres conjugais e terminava com a sociedade conjugal.

Quem não conhece um amigo ou um parente que dizia: pedi o desquite! Significava que os bens eram partilhados, acabava a convivência sob mesmo teto, mas nenhum dos dois poderia recomeçar sua vida ao lado de outra pessoa cercado da proteção jurídica do casamento. Foi aí que deu uma larga abertura para as uniões clandestinas, uniões escondidas e proibidas.

Esses filhos extramatrimoniais, denominados como *liberi iniusti*, classificavam-se em spurii ou vulgo *quaesiti* ou *conceptus e naturales liberi*. A situação ou estado de filho espúrio era circunstância de absoluto desprestígio em face do Direito romano que não admitiu a ação de investigação de paternidade, não permitindo, pois, que o espúrio pudesse agir judicialmente contra o seu pai, em busca do reconhecimento da paternidade e seus direitos de filho.

No Direito romano antigo, durante a vigência da Lei das XII Tábuas, a filiação ilegítima sofreu enormemente as consequências da falta de amparo legal.

No Império, até a época de Constantino, os filhos havidos da relação concubinária não detinham direitos aos alimentos e à sucessão paterna, embora já então, houvesse polêmica em sentido contrário. A partir de Justiniano (539 d.C.), permitiu-se a sucessão *ab intestato*, bem como se atribuía ao pai a obrigação de lhes prestar alimentos.

Convém sempre lembrar que, com o advento do Cristianismo, o concubinato e a prole daí advinda passaram a sofrer seríssimas restrições, que só foram amenizadas pela possibilidade de legitimação dos filhos naturais por meio do subsequente casamento de seus pais.

No Direito brasileiro, os adulterinos seriam os nascidos de pessoas impedidas de casar-se em virtude de casamento com terceiros (art. 183, VI). A adulterinidade poderia ser bilateral ou unilateral. Seria adulterino a *patre* se gerado por homem casado e mulher solteira, viúva ou divorciada, e a *matre* se fosse a mulher a casada.

Os incestuosos seriam os nascidos de pessoas impedidas de se unirem por matrimônio válido em razão de haver entre elas parentesco: natural, civil ou afim (art. 183, I a V), na linha reta até o infinito e na linha colateral até o 3.º grau.

Antes de 1988, admitia-se o reconhecimento voluntário relativamente aos filhos naturais; quanto aos adulterinos, admitia-se também o reconhecimento, mas não enquanto durasse a sociedade conjugal do genitor adúltero, conforme a Lei 883/49. Com o advento do novo texto constitucional, em data de 05.10.1988, essa postura legislativa ficou sem eficácia.

O reconhecimento judicial opera-se, ao seu turno, por intermédio da ação de investigação da paternidade ou da maternidade. Esse reconhecimento compulsório tem lugar, pois, nas situações em que a vontade do(s) genitor(es) não se manifesta livremente, razão pela qual a lei garante ao infante o seu direito de ser declarado filho, e os efeitos daí resultantes, como o direito ao nome (esse, o principal efeito de ordem moral), o direito à prestação alimentar e o direito à sucessão (esses, os principais efeitos de ordem patrimonial).

Há opiniões favoráveis e opiniões desfavoráveis a respeito do reconhecimento forçado, sendo que os argumentos que sustentam esse último rol de opiniões versa, especialmente, sobre a alta incidência de exageros, exploração e abusos, sobre o temor de escândalos e sobre a necessidade de se resguardar a moral pública de tais assuntos "assim tão delicados".

Prefiro, pessoalmente, a corrente que defende a admissão legal do reconhecimento compulsório, especialmente porque, aqui, trata-se de tutelar interesse de quem, ao nascer, já se acha em situação juridicamente vulnerável, uma vez que não pode exercer os direitos que eminentemente tem, relativos à vida, ao afeto, ao convívio familiar, entre outros.

A Constituição Federal de 88 provoca assim uma revolução não apenas normativa, mas uma revolução da mentalidade humana. De modo especial, no que tange à igualdade dos direitos dos filhos, o § 6º do art. 227 da CF/88 implica uma única resposta à pergunta sobre a categoria dos filhos. Assim, a lei reconhece apenas duas categorias, ao sabor da análise do assunto filiação, isso é, aqueles que são filhos, e aqueles que não o são e ponto final.

De tal sorte que, em face da proibição constitucional no que concerne às designações discriminatórias, perde completamente o sentido, sob o prisma do Direito, os adjetivos legítimos, legitimados, ilegítimos, incestuosos, adulterinos, naturais, espúrios e adotivos.

Reconhece à ordem constitucional, a ampla igualdade entre os filhos, quer os biológicos, havidos na relação do casamento ou não, quer os não biológicos, que integram a categoria dos adotivos.

Naquela época, também não existiam leis que protegiam a União Estável e resguardavam os direitos daqueles que viviam juntos informalmente. A Lei do Divórcio, aprovada em 1977, concedeu a possibilidade de um novo casamento, mas somente por uma vez.

O chamado *desquite* passou a ser conhecido como *separação* e permanecia, até hoje, como um estágio intermediário até a obtenção do divórcio. Foi com a Constituição de 1988 que passou a ser permitido divorciar e recasar quantas vezes fosse preciso.

Após vários anos, já em 2017, a lei abriu uma outra possibilidade para o divórcio: ela faculta a realização do divórcio consensual, nos cartórios, por via administrativa, não sendo necessário ingressar com uma ação judicial, isso foi mais uma forma de facilitar os desenlaces.

Na própria escritura do divórcio consensual, as partes podem acordar sobre a divisão dos bens e da pensão, facilitando a vida dos ex-cônjuges.

Porém, havendo litígio (desacordo entre as partes) e/ou filhos menores ou incapazes, a ação judicial é obrigatória, pois somente em juízo é que poderá ser dissolvido o vínculo matrimonial nesses casos.

Essa modalidade exige ainda a averbação da escritura do divórcio no cartório em que a união foi oficializada e a assistência de um advogado.

Por certo a EC n.º 66/2010 acompanhou a evolução do Direito familiar, dando ao interessado a liberdade para constituir, manter e dissolver, a qualquer tempo, a relação conjugal, pois suprimiu o requisito de prévia separação judicial por mais de um ano ou a exigência de separação fática por mais de dois anos para a concessão do divórcio direto. Assim, prevalece o desejo do casal, retirando da mão do Estado essa decisão que é individual.

Essa evolução do divórcio na sociedade gerou mais liberdade e vantagem para aqueles que desejam dissolver uma união, o que foi de suma importância, porque evita que o cidadão enfrente longas demandas (processos demorados) e sofra mais desgaste emocional do que já está sofrendo com a ruptura de uma união.

O divórcio sem prazo e sem a culpa é evolução que se impôs na sociedade, dando liberdade e individualidade aos cônjuges.

A dissolubilidade, ainda que em potência hoje em dia, conscientiza os cônjuges sobre a importância do papel de cada um na manutenção, consolidação e fortalecimento dos laços afetivos e da família, sabedores de que o afeto que os une constituirá, sempre, um "caminho construído", e jamais um "dado estatístico".

Os relacionamentos conjugais são ontologicamente finitos e sua longevidade depende da base afetiva que se constrói e que se renova no dia a dia da convivência. Um casamento foi pensado e iniciado para nunca terminar e sim, para permanecer enquanto a morte os separar. Nem sempre isso é possível. Lamentamos, mas respeitamos. Acidentes acontecem, desmoronamentos são acometidos pelo tempo e falta de cuidado. Vulcões entram em erupção de uma hora para outra. O outono derruba as folhas, o inverno castiga, e o verão provoca as queimadas, mas um novo relacionamento haverá de emergir em substituição ao que foi soterrado pelas cinzas do tempo e da rotina, como se fossem as estações do tempo.

O que o casal precisa ter em mente é que ambos precisam ser maduros o suficiente para não deixar que as sementes plantadas morram pelo caminho e que possam juntos cultivar as flores que deixaram no jardim. Os filhos.

5

CASAMENTO

Vamos falar a verdade, aquela frase: "até que a morte nos separe" é conhecida por muitos, ou melhor, por todos aqueles que um dia resolveram se aventurar no casamento. Essa frase é conhecida por muitas gerações de casamenteiros porque fechava o procedimento dos sacerdotes católicos na cerimônia religiosa.

Na Bíblia o casamento é a união de uma carne, entre um homem e uma mulher (Gêneses 2:24). Na realidade, ninguém casa achando que vai se separar. Mas nos dias de hoje, conforme o sociólogo polonês Sigmunt Bauman em *Amor Líquido*, vivemos em tempos líquidos, nada é para durar. Sendo assim, o número de divórcios e separações é recorde, e cresce em uma velocidade assustadora.

A maioria de nós queria ter um manual colorido e ilustrado que ensinasse como manter um casamento e respondesse todas as nossas dúvidas e perguntas, oferecendo garantias de acerto, dicas de convivência e uma boa ideia de como saber conduzir uma DR[15].

Seria ótimo saber se, ao seguirmos determinadas regras ou adotarmos um caminho específico, evitaríamos decepções, ilusões e desentendimentos, assim, iríamos dormir a noite toda, sermos eternamente felizes, e consequentemente teríamos filhos 100% saudáveis sem qualquer conflito emocional.

Ok, vamos parar de sonhar e cair na realidade de que vivemos cada dia aprendendo algo a mais e precisamos compreender que cada indivíduo é único e está em um estágio de aprendizado. Não existem fórmulas, se assim fosse, qual seria o gosto da vitória e do aprendizado?

Todas as incertezas e dificuldades em um relacionamento estão no centro de qualquer histórico familiar. A vulnerabilidade determina nossos momentos de alegria, medo, tristeza, vergonha, conquistas, decepção e amor. Quem não gostaria de ter um casamento pleno?

Para construirmos um relacionamento saudável, precisamos de algumas premissas que elejo: 1. Reconhecer que não sabemos tudo; 2. Saber

---

[15] Discussão de relacionamento.

identificar e reconhecer as nossas amarguras e erros; 3. Respeitar o outro e suas diferenças; 4. Praticar o ato de doação e renúncia dentro da relação conjugal; 5. Viver com ousadia avançando um pouco cada dia; e o mais importante, 6. Praticar a gratidão a Deus por ter colocado a pessoa certa para me fazer entender o quanto preciso melhorar.

O nosso companheiro ou companheira tem os exercícios fundamentais que precisamos para melhorarmos enquanto ser humano. Não é à toa que estamos casados com uma pessoa diferente da gente, com gostos estranhos, atitudes que nos fazem praticar resiliência, compaixão e doação.

Amar é doar-se.

Todos os finais de relacionamentos têm os mesmos reclamos, pelo menos a maioria, quais sejam: traição, diferenças de opiniões, álcool, violência e insuportabilidade da vida em comum.

Atendi um casal jovem, como é o caso de Fernando e Eliziane (os nomes foram trocados pelo sigilo), ambos pareciam assustados diante do novo cenário conjugal. Ela engravidou logo após o casamento e após dois anos, tiveram o segundo filho. Estavam juntos há pouco mais de oito anos, mas nos últimos três meses o casamento começou a ficar difícil.

Estavam terminando de construir a casa, apesar de ser financiada. Gostavam de receber amigos, mas não tinham mais relações sexuais, o que os distanciava um do outro, criando barreiras e rancor. Eram jovens, ele com 38 e ela com 35 anos.

Aí veio a grande tormenta que acionou a marcha para ocorrer o desenlace. Nesses casos, vejo que é o evento esperado para ocorrer algo que o interno já vem dizendo. Eliziane viu os e-mails de Fernando e ficou sabendo de uma traição. Nesse momento a raiva e os sentimentos ficam a mil e a Eliziane saiu de casa com os filhos e foi morar na casa dos pais.

O resultado não foi nada romântico. Ameaças, desentendimentos, agressões verbais e aquele casal já não se conhecia mais, aquele amor de outrora que fez nascer uma linda história tinha sido dissolvida por falta de diálogo, compreensão e resiliência, resultado: os filhos ficaram desemparados e sendo cuidados pelos avós maternos, porque a mãe laborava o dia todo e não deixava o pai se aproximar por ódio de ter sido traída.

Apesar de Eliziane saber que o casamento já não tinha futuro, o fato de ela saber que foi traída mexeu com seu orgulho e começou a sutilmente agir por meio da alienação parental.

É importante frisar que muitas vezes a alienação parental inicia-se quando o casal ainda está junto. Começa como uma simples competição de casal, em que chega a patamares assustadores, em que um genitor desfaz o outro na frente dos filhos com intuito de provar ser o preferido do filho. Muitas vezes isso vai acontecendo de forma sutil, inconsciente, mas outras, são atitudes premeditadas, pensando em um ganho sentimental ao final da separação ou como uma moeda de troca pela dor sentida – orgulho ferido.

Apesar de Fernando ter assumido a culpa da traição, não admitiu que seu papel de pai fosse questionado pela Eliziane, resultando em ódio, desavenças, ameaças e afastamento do convívio dos filhos.

A incapacidade de a Eliziane sair de sua dor e ampliar a sua visão foi fatal para prejudicar o relacionamento dos filhos com o pai, afastando o convívio do pai em relação aos filhos, prejudicando-os e chegando a causar isolamento na escola, início de depressão, dores abdominais e chantagens emocionais.

Quem no final dessa história pagou o preço da separação?

Portanto, o operador do Direito deve estar aberto para melhor orientar seus clientes, inclusive, encaminhá-los para psicólogos, profissionais habilitados que podem ajudar nesse movimento de superação, trazendo a lucidez ao cônjuge doente.

Hoje, um processo de habilitação do casamento é mais complexo e solene do que um divórcio. A ruptura é mais rápida do que o enlace, mas os efeitos colaterais do término podem ser para a vida toda.

Por outro lado, a dor do desenlace é algo indescritível, que só os envolvidos sabem dosar e relatar a situação.

Cada indivíduo tem uma forma de sentir e receber a notícia de uma separação, uns sofrem mais, outros sofrem menos, vai depender do grau de amor envolvido, sentimentos, patrimônio e herança familiar.

Refazer o caminho em que o movimento do amor foi interrompido, às vezes, não é páreo para qualquer casal, e o fim único é a dissolução.

A lei evoluiu muito e não tem mais necessidade da espera do tempo para pedir o divórcio. Podemos casar em um dia e no outro separar.

A vontade individual prevalece, vivemos tempos líquidos e de maior liberdade. A fragilidade dos laços humanos está gerando incertezas e inseguranças, mas, por outro lado, viver em um relacionamento doentio é empobrecedor e desmotivador, do ponto de vista conjugal.

Henry Ford dizia que "nossos fracassos são às vezes, mais frutíferos que os êxitos". Como se sabe, até hoje, uma minoria de casais ainda gosta de realizar a celebração matrimonial, um ritual ou sacramento, casando-se na igreja de sua religião.

Todavia, a verdade é a seguinte: o casamento na época presente é uma união de duas almas, e, para isso, não é necessário um culto formal para selar a união de duas pessoas que se amam, tanto é que temos o reconhecimento da união estável que desmitifica e informaliza todo o processo nupcial.

Tanto é que não tem mais o requisito de coabitação na união estável, hoje vários companheiros em virtude de emprego residem em casas diversas, ou permanecem finais de semanas juntos, esse não é mais motivo para não estar vinculado em um relacionamento com intuito de formar uma família.

Todo casamento é um progresso na humanidade, pois é com ele que evoluímos, progredimos, crescemos, e damos continuidade à vida. O casamento é uma escola humana, em que um cônjuge irá ter todos os requisitos que o outro cônjuge necessita para se melhorar, como pai, mãe e ser humano integral.

O direito é uma ciência social, é, de certa forma, uma busca das pessoas de construir pontes para a harmonia do lar e na sociedade

O mais importante em um casamento é que ambos os cônjuges precisam reconhecer que um precisa do outro, o que falta em um complementasse com o outro. Quando existe isso, nasce a troca entre eles, desde que cada um respeite a diferença do outro.

Os cônjuges precisam aprender a desnudar-se, não ter vergonha de conversar, de pedir ajuda um ao outro e de estender a mão sempre que for necessário. Muitas separações ocorrem porque o casal já não conversa mais, tem planos individuas, buscam objetivos próprios, não compartilham ideias e sonhos.

Se quisermos manter um casamento feliz, em meio às duras decepções do dia a dia, não podemos achar que os revezes são provas de que não vale a pena investir no relacionamento conjugal. Temos que ser capazes de dizer ao outro: isso dói, machuca. Assim vamos descomplicando as dores e aprendendo a crescer juntos.

O ponto crucial é respeitar a diferença que mora no outro, é um grande dilema humano, podemos até dizer que separa os meninos dos homens. Quando não existe essa compreensão, maturidade e resiliência o casamento termina sem ter começado, ou seja, periclita a relação conjugal.

ENLACE & DESENLACE: ALÉM DE UMA VISÃO AMPLIADA
DA FAMÍLIA DUAS ENTREVISTAS TRANSFORMADORAS

Teve um casal que chegou em meio ao escritório com um bebê recém-nascido. Aparentavam pouco mais de 20 anos, com todos os sonhos ainda borbulhando em seus olhares. Era um casal jovem, na infância da união conjugal, mal sabiam trocar as fraldas daquele bebê e já estavam pedindo a separação.

Qual seria o motivo determinante para o desenlace? O que será que haveria ocorrido naquele casal para que ambos estivessem em um escritório de advocacia e não no lar conjugal cuidando da prole recém-chegada.

Conversei com eles e percebi que ainda existia amor, mas ele estava sufocado lá dentro de cada coração. A chegada do filho primogênito mexeu com a estrutura familiar recém-formada. A mulher parturiente sofre com uma explosão de sentimentos, podendo inclusive desenvolver uma depressão pós-parto, ou uma leve tristeza materna (*baby blues*).

Mais comum do que parece, a depressão pós-parto (DPP), como a maioria dos transtornos psiquiátricos, ainda carrega o estigma de tabu, o que causa preconceitos e emperra a busca por ajuda. Mais de 25% das mães brasileiras têm sinais de DPP, como apontou a pesquisa sobre fatores associados à depressão pós-parto no Brasil, feita com cerca de 24 mil mulheres de todo o país e conduzida por Mariza Theme, da Escola Nacional de Saúde Pública Sergio Arouca, da Fiocruz (RJ). "Qualquer mulher pode desenvolver a doença, mas a prevalência é maior em quem tem antecedentes de transtorno mental (incluindo depressão), vulnerabilidade socioeconômica, gravidez indesejada ou histórico de traumas e violência doméstica", afirma. E quem já teve DPP em uma gestação está mais suscetível na próxima.

Portanto, a família é parte fundamental para ajudar essa mãe que tem nos braços um bebê recém-chegado, dando apoio moral, psicológico, ajudando nas tarefas diárias e no cuidado com a própria mãe, inclusive, muito importante o companheiro ou cônjuge não menosprezar os sentimentos e o que se passa com a companheira, pois o vínculo ajuda na saúde emocional do bebê.

Por mais de uma hora conversei com eles e pedi para retornarem em 15 dias, até conseguirem a documentação necessária, essa dica era mais um pressuposto meu do que um protocolo do escritório.

Ao mesmo tempo pedi que ambos olhassem para eles, para o real sentido daquela união, lembrassem como se conheceram e o porquê daquele filho com tenra idade já vendo seus pais se odiarem em vez de se amarem.

Aquele filho simbolizava o amor deles.

Bert Hellinger, no livro *Conflito e Paz*, salienta que quando cada um, ao se encontrar, quer ser superior ao outro, sem reconhecer a parte que lhe complementa no outro, o casamento está perto do fim.

Cada pessoa com quem nos relacionamos mais de perto se torna destino para nós e nós nos tornamos destino para ele, como se fosse uma rede que nos envolve e nos integraliza.

Quando observei aquele rapaz notei sua tristeza no olhar, ele não queria se separar daquela menina mulher, ora mãe. O que estava ocorrendo era o emaranhado materno, estavam perdidos no meio de uma significativa mudança: o nascimento do filho. Como eram pessoas humildes não tinham ninguém para conversar ou até mesmo pais que pudessem orientar a situação, restando um ao outro em meio àquele turbilhão de emoções.

Ambos precisavam de amparo, de paz e só conseguimos paz quando reconhecemos nos outros, sem querer mudá-los, aquilo que antes rejeitávamos neles, e os aceitamos com os mesmos direitos que nós temos.

Portanto, reconhecer o outro, não só nas suas qualidades físicas, como emocionais, aceitando o que precisa do outro para se completar, é a base do relacionamento saudável. No mesmo sentido, é o reconhecimento da família do outro, cada um tem seu valor, seu lugar e sua contribuição para ascensão familiar, descriminar e isolar uma das famílias é um casamento fadado ao insucesso.

Somente junto com o outro conseguimos nos identificar e reparar as arestas e os nossos defeitos. Reconhecer a religião e a cultura do outro. Dessa forma, não podemos deixar de dizer que existem casamentos que parecem mais "felizes" pois são uniões de espíritos missionários e, digamos, "almas gêmeas", pois juntos eles evoluem, estão aptos a fazer a ascensão de forma conjunta e no mesmo grau energético.

Aquele casal, após 15 dias, desistiu da separação, cobrei meus honorários pela consulta e ficou tudo bem, para mim que recebi a contraprestação dos meus serviços e para aquele casal que se deu mais uma oportunidade de continuar uma família linda.

Às vezes, só às vezes, também nos tornamos cupido e isso é muito gratificante.

Com o passar do tempo, comecei a sentir o que os olhos dos clientes revelam. Olhos cansados de sofrimentos, olhos desiludidos por uma separação recente, olhos entreabertos com se não quisessem enfrentar a dor da traição. Muitas mulheres me procuram, após algum tempo de tentativas dentro do lar, envergonhadas, desconectadas com o amor do parceiro, sofrem caladas por vários meses, anos, tentando apresentar novas versões ou capítulos para uma história de amor. Acompanho casais que se digladiam diariamente, parecendo mais uma luta enfermiça do que almas afins, e isso tudo, é uma forma com que o universo fala: resolvam-se e cresçam, pois são os chamados casamentos de provas e expiações.

Mas, uma coisa é fato, nada acontece à toa, e tudo tem uma razão de ser. O casamento é o que nos agrega valores espirituais e emocionais e que nos difere dos animais no que se refere à reprodução e à vivência, inclusive aos sentimentos.

Devemos desmascarar as histórias das princesas da Disney, ou do príncipe encantado, que desejamos e é fantasiado desde a nossa infância. As histórias dos príncipes terminam, pois, a vida real é muito diferente, as pessoas mudam o tempo todo e a vida flui de forma não linear.

QUANDO OS PROBLEMAS SURGEM

Todos os problemas devem ser partilhados em um relacionamento e isso vai depender do grau de maturidade do casal. Mas, ante a qualquer problema, devemos orar e pedir serenidade acima de tudo, para que as resoluções de nossas provações sejam alcançadas.

Francisco Cândido Xavier dizia: "Embora ninguém possa voltar atrás e fazer um novo começo, qualquer um pode começar agora e fazer um novo final".

Muitos de nossos problemas são meras criações de pensamentos repetitivos, são angústias de nossas ansiedades em busca de alguma resposta ou sentido existencial. Uma boa metáfora é utilizarmos a imagem da balança em nossas mentes. Sempre que estiver com um problema com o outro, busque pesar numa balança um lado para o mal e o outro para o bem. Cada lado será uma atitude boa (direito) ou ruim (esquerdo) que você colocará nessa balança. Se fizermos isso com raiva/rancor/ressentimentos, perceberás que esqueceremos sempre as coisas boas vivenciadas e recebidas e preencheremos o lado ruim da balança, fazendo um enorme sobrepeso.

Mas, se fizermos essa análise de forma equilibrada para ambos os lados, teremos a balança mais próxima do imaginado, gerando um equilíbrio na relação e isso poderia ser uma forma de balancear todas as nossas mazelas físicas e espirituais.

Reclamar é o mesmo que reclamar várias vezes, e essa cólera não deixa refletir o lado bom do outro, afundando cada vez mais a relação, pois está fadada a ver só o lado negativo do parceiro.

O operador do Direito exerce sua função em meio ao conflito, afinal, em boa parte dos processos judiciais, temos a conflituosidade, a controvérsia latente entre as partes, pois se assim não fosse, não existiria o conflito. Todo conflito tem seu lado positivo de crescimento, desde que pelo nosso orgulho não deixamos virar confronto, aí não existe nem um bom advogado que possa apagar esse incêndio.

Nos processos litigiosos, temos ambas as partes que denominamos *contrário* diante da polarização típica existente na atividade processual.

Para que um seja vencedor, outro deve ser perdedor e isso não é bom do ponto de vista do equilíbrio coletivo, ou seja, do sistema familiar. Ser vencedor no processo não quer dizer que a parte será vencedora na vida, pois as relações pessoais são muito mais profundas do que um papel homologado pelo juiz.

As partes muitas vezes não conseguem resolver o conflito pessoal e têm a esperança de que o juiz vai pôr fim no litígio por eles, e isso é pesado demais. O juiz põe fim na relação processual, mas isso não quer dizer que resolve por completo o dilema levado a seu conhecimento.

Outro ponto a se observar é que o conflito não deve ter significado negativo, ou seja, sua existência não é algo prejudicial à sociedade.

Sabemos que é impossível uma relação familiar sem a presença de conflitos, assim, a contrário *sensu*, há valores diversos entre as pessoas da mesma comunidade ou da mesma família, que é o nosso foco para podermos transformar nossos erros em acertos.

Dentro de um conflito pode nascer uma solução inovadora para os problemas, como a reconciliação de um casal, uma alternativa diferente do já analisado, por exemplo.

Reconciliar é uma ponte que se constrói, após uma grande quebra.

Atacar o problema com repulsa e raiva ao outro não vai sarar o coração machucado. Sempre digo: o antagonismo não está no outro e sim, dentro de cada um.

Todo mal sempre está a serviço do bem. Sempre!... Tudo chega para nos curar, até mesmo um relacionamento difícil... Até a morte física é, na realidade, uma cura, a cura da alma.

As palavras mal-empregadas apenas aumentam o teor do conflito, fazendo evoluir as distâncias existentes na relação conjugal.

Muitas vezes somos exigentes demais com o nosso parceiro, porque somos muito exigentes com nós mesmos. É exatamente assim que começa o julgamento. Achar alguém para xingar, julgar, criticar se torna uma maneira de escapar da teia que nós mesmos estamos emaranhados e precisamos de atenção.

Desenvolver um relacionamento íntimo – físico e emocional – é quase um jogo de xadrez quando não curamos nosso próprio ser.

Muitas mulheres me procuram com o coração dilacerado pelo divórcio. Sempre as oriento de que não existe um mal que não venha para melhorar o ser humano. Ver o lado positivo da situação é um bom caminho para o reinício da jornada, para ter coragem. Sair da posição de vítima é o primeiro passo.

Uma separação sempre começou muito antes da assinatura do termo em audiência, ou no cartório de registro de imóvel (divórcio extrajudicial). Começou de dentro, nos estados que você vive, culpar as circunstâncias externas é uma visão invertida da realidade.

Um dia atendi a um homem que havia ficado viúvo com 29 anos de idade com duas crianças. Olhei para ele e disse: isso não é uma maldição, como ele achava. É apenas uma oportunidade que a vida estava lhe dando. Parece meio contraditório, mas, é verdade. Dei o exemplo para ele da minha mãe. Perdi meu pai no ano de 2010 e ela não sabia nem fazer compras em um supermercado sozinha, imagina passar na porta giratório de um banco, ela era totalmente dependente do meu pai.

Lembro-me como se fosse hoje o estado emocional dela naqueles primeiros anos, estava arrasada, tinha perdido o sentido da vida, era o típico modelo de mulher que dependia do pai, depois do marido, e muitas se não buscarem a evolução vão depender dos filhos.

Com o passar dos anos ela começou a ver que podia tomar decisões, fazer negócios, fazer parte de associações, voltar a estudar, gerir sua empresa, podia ser e fazer o que ela queria, bastava acreditar e não deixar o medo invadir o seu íntimo. Hoje após 10 anos da partida de meu pai, ela administra sozinha sua empresa, começou uma obra (que afinal era seu sonho de vida), faz parte do Lions Clube, da ACICE, fez até alguns financiamentos... risos... como ela dizia: *"o pai deve estar se revirando no caixão".*

Quando temos disciplina podemos criar novas oportunidades. Na existência não há espaços vazios, se você não preenche com uma ação, um novo olhar, um agir, a vida vem e preenche de forma cruel esses espaços.

Nem todos os conflitos podem ser resolvidos amigavelmente. Às vezes, é preciso buscar ajuda de terceiros para mediar aquilo que não é visto entre as partes, e o melhor que se tem a fazer é a separação.

Nem todo mundo quer brigar ou se digladiar como num ringue de lutas da Idade Média. Mas o brasileiro tende ao meio litigioso, gosta de um quebra-quebra, um perrengue.

Em uma separação, diversos são os fatores a serem resolvidos como: dissolução do vínculo conjugal, divisão dos bens, com quem fica a casa do casal, se vai ser vendida a terceiros e repartido os valores, quem vai pagar as dívidas, a origem das dívidas, quanto será o valor da pensão alimentícia, como será estabelecido o direito de visitas, quem vai ficar com o cachorro etc.

O estado por meio do juiz vai resolver o litígio (heterocomposição), ou as partes podem resolver por meio de uma conciliação, mediação ou arbitragem. Ou seja, o processo judicial não é o único meio da resolução de um conflito.

As soluções de um conflito são autocompositivas (em que a própria parte chega a uma solução da controvérsia), como exemplo temos: a mediação e a conciliação. Já a solução em que um terceiro habilitado é escolhido para decidir o conflito, temos como exemplo a chamada arbitragem que é a solução heterocompositiva.

Com o divórcio o casal entra nas fases do luto. Essas fases foram estudadas pela psiquiatra suíça Elizabeth Krubler-Ross, Modelo Canderofs, ou seja, no início começa a viver momentos difíceis e só voltará à normalidade com muita paciência, resiliência e maturidade do casal.

Quanto mais maduro o casal for, mais célere será o término das fases e o começo de uma nova vida.

A primeira fase é de **negação**, em que aquele que não quer o divórcio nega o momento, tenta desconversar, não acredita que o outro será capaz de levar a sério a separação, constrói um mundo de imaginações e acha que é só uma fase ruim.

A segunda fase, é a pior: em que nasce a **raiva**, ela surge após o aclaramento da situação e o cair no real, o cônjuge que não pediu o divórcio se revolta por passar por essa situação, em que na maioria das vezes, se conhece nesse momento com que se está vivendo junto. Afloram as acusações, a violência, a discórdia, começam o conhecido "lavar a roupa suja".

O passado sempre deve ser abençoado, curado. Devemos levar luz em cada canto, transformando-o por meio de uma nova compreensão, para que no futuro não surjam problemas mal resolvidos.

A terceira fase é a **barganha/negociação**, pois o casal estava junto por muito tempo, às vezes uma vida inteira, anos de enlace, e agora precisam aprender a viver sozinhos, sem um amparo, um companheiro de conversa, alguém para dividir as dificuldades, é o momento da depressão, da tristeza, do choro e do ninho vazio.

A quarta fase é a da **depressão**, como já não tem mais o que fazer o casal começa a tentar seguir a vida, e aqui é o melhor momento de realizar bons acordos, pois a poeira começa se assentar e tudo começa a entrar nos eixos.

A última fase é da **aceitação**, em que ambos aceitam a separação, acreditam que não tem mais volta e começam a viver cada um à sua vida. Geralmente aqui, um dos ex-cônjuges já formou outra família, já tem até novo filho a caminho. A assimilação aqui é a palavra-chave.

Ter consciência dessas fases faz com que a união conjugal se torne união parental, e a amizade permaneça, sendo de suma importância para o desenvolvimento dos filhos. São casos raros.

Atendi um casal que havia se separado e, mesmo assim, mantinham negócios juntos, ajudavam-se mutuamente, isso deveria ser o normal após uma separação, mas são acontecimentos raros em uma comunidade.

Às vezes essa última fase (aceitação) demora bastante para passar e acontecer, pois vai determinar o nível de consciência dos cônjuges, por outro lado, pode ocorrer de as fases nunca terminarem, pois, o casal se ama, e tentam criar conflitos para, de certa forma, permanecerem juntos.

É um processo de divórcio litigioso que dura cinco anos, é a pensão que nunca chega no patamar adequado, é a guarda modificada volta e outra, e isso, no fundo, é que o casal ainda mantém laços que não foram dissolvidos.

Quanto mais tempo de união mais difícil é o seu desenlace.

Durante essas fases o adulto pensa como criança e não como adulto, por isso, é de extrema necessidade o amadurecimento da dor e o acompanhamento psicológico para o casal.

O luto durante o ajuizamento ou não do divórcio, *é um* processo necessário *e* crucial *para preencher o vazio deixado por qualquer perda significativa, fazendo com que a vida de quem o passou* prossiga.

A aceitação das novas condições, da nova rotina e conseguir olhar de forma ampla é muito importante para a saúde dos filhos. Perder a companhia de anos, a intimidade conjugal é muito dolorosa. Não tem mais para quem confessar, dividir dores e problemas, leva sempre o cônjuge que não queria a separação sofrer, ainda mais, se o motivo da separação foi uma traição.

Quanto mais tempo dura a união pior fica o desenlace.

Acompanhei uma separação em que a mãe queria que o filho fosse depor contra o pai na audiência de instrução e julgamento. Momentos difíceis que aquela família estava enfrentando, e o medo da mãe era prejudicar o filho na companhia da nova namorada do pai.

Nas separações litigiosas, durante a instrução processual em que um dos cônjuges pede o depoimento dos filhos, para provar fatos pelos quais uma delas compreende necessários para ficar com a guarda da prole, é por demais violento, mesmo que a lei tenha uma certa restrição para esse tipo de depoimento, somente casos raros o juiz autoriza o depoimento do menor.

Utilizar a voz de um filho para proteger um dos pais é uma atitude arriscada do operador do Direito, pois o filho representa ambos os cônjuges. O filho é 50% pai e 50% mãe.

Isso é algo violento para a criança, porque ela é colocada em um lugar para julgar um dos pais que ao mesmo tempo está dentro dela, isso fere a alma da criança, pois está excluindo uma parte de dentro de si, levando ela a ter problemas no futuro, inclusive, com a tendência de repetir o que os pais fizeram.

É muito peso para uma criança, sabendo que, processualmente falando, nada, ou pouco, surte de remédio para aquela separação, pelo contrário, dificulta à pacificação de conflitos, o clima fica pesado, surge à raiva, sentimento de vingança e infindáveis recursos.

Portanto, atitudes infantis dos adultos devem ser repelidas pelo profissional que está acompanhando, muitas vezes o adulto está sofrendo tanto que não percebe o barco furado que adentrou.

Outrossim, a decisão de um juiz não tem poder frente à realidade sistêmica daquela família, ou seja, pode até ter sito feita justiça com a lei material, mas se não foi de acordo com as leis sistêmicas familiares, na prática não vai ser colocado em execução, a sentença homologada, gerando novas demandas futuras.

7

CONSEQUÊNCIAS EMOCIONAIS DO DIVÓRCIO

Após um divórcio todo casal entra em uma crise pessoal, como tantas outras crises que passamos no decorrer da nossa existência.

Não podemos deixar de contar que antes do divórcio também existem dificuldades, conflitos e dores emocionais, senão não chegariam à decisão da separação.

Os conflitos afetivos e emocionais surgem muito antes do término do relacionamento e vão esgotando a relação conjugal.

Quando alguém não mantém relacionamentos saudáveis, encontra-se em distúrbio de comportamento que pode ter características patológicas a caminho de agravamento.

Por muito tempo, às vezes anos, o casal sofre angústias individuas, conflitos infantis, até poder tomar a decisão de cortar o caminho da cumplicidade, o que não é uma tarefa fácil e de rápida decisão.

Muitas vezes atendi clientes por diversos meses antes de tomar a decisão definitiva de romper o vínculo afetivo, e essa decisão era procrastinada por vários motivos como: filhos, dependência econômica, questões sociais, crenças afetivas, interesses divergentes, novas tentativas, entre outras.

A separação é, portanto, uma crise passageira, ou temporária, isso vai depender como cada integrante da teia familiar consegue gerir suas próprias emoções.

Com toda certeza, por meio dos inúmeros casos práticos vivenciados no decorrer de 17 anos de profissão, o divórcio tem um agravante maior no que se refere aos conflitos emocionais, pois, estende os efeitos aos filhos. Tanto homem como a mulher sofrem, mas cada um em suas dores, mágoas, reclamações, e no final quem sofre mais são os filhos do casal.

O ser humano necessita de calor afetivo de outrem, mediante conquista amplia o seu campo de emotividade superior, desenvolvendo sentimentos que refletem no fluxo da vida.

Eivada de ressentimentos essa ruptura do casamento se inicia muito antes do divórcio oficial, pois entremeados em dor e sofrimento que energeticamente se explana no lar doméstico, o casal se vê deslocado do ambiente familiar e não mais satura erros e pontos de vista divergentes. A saturação do convívio, a dificuldade do diálogo, a falta de paciência e interesse vão esmagando todas as possibilidades de renovação e o fim chega.

Embora toda separação ou divórcio cause prejuízos, desequilíbrios e estresse, os genitores quando resolvem romper o relacionamento afetivo, deveriam compreender o melhor de si para preservar seus filhos, pois eles não têm confronto com os pais, eles amam ambos, o que ocorre é que automaticamente uma luta psicológica começa a nascer, como forma de autodefesa dos pais, em relação à perda que estão passando.

É como se o casal saísse do mundo da realidade e vivesse dentro de suas certezas e convicções, vedando os olhos para os acontecimentos doentios que praticam, e mais tarde o arrependimento surge, mais aí o estrago já está feito.

Para que seja garantida a continuidade das relações parentais de forma saudável, a auto-observação dos pais é de suma importância, para que ambos não digladiem no emaranhado do caminho indo contra a maré do canal harmônico da comunicação. Dessa forma, a dissolução em sentido amplo altera a organização familiar, estremece a base e seu funcionamento, colocando os filhos dentro de um barco à deriva.

Esse quadro todo é agravado quando os pais não estão preparados para o desenlace afetivo, agem de forma momentânea com ódio e desejo de vingança, ignorando o melhor interesse dos rebentos.

A mulher é mais sentimental, prolonga a decisão da separação, acompanhei vários casos em que a mulher deu início aos papéis da separação e na semana seguinte desistiu para dar mais "uma chance".

A família é o laboratório de vivências das mais expressivas de que necessita o ser humano no seu processo de evolução, portanto, no mesmo clã, os indivíduos são conhecidos, mas quando os clãs se juntam somatizam todas as caraterísticas que trazem uma preparação para as conquistas da solidariedade.

Em uma das separações que realizei, um casal estava junto há mais de 18 anos, os filhos já estavam começando a faculdade, tudo seguia os protocolos familiares, quando de repente uma traição bagunçou todo o cenário que parecia inatingível. Foram meses de confronto, em que o genitor não aceitava a traição da esposa e, em decorrência disso, o pai descontava sua raiva nos filhos deixando de pagar a mensalidade da faculdade.

Resumindo, os filhos deixaram de estudar naquele período, por pura individualidade e imaturidade do pai, que não soube separar a dor pelo término da relação e os filhos que nada tinham a ver com o conflito.

Uma das atribuições do poder familiar é assegurar por meio do processo judicial o direito ao sustento, ao lazer, à saúde, à guarda, e à educação da prole e isso não se dissolve com o desenlace conjugal. Por isso, a separação dos genitores não deve estar atrelada aos filhos, prevalecendo sempre sobre o interesse das crianças e suas necessidades.

Os Arts. 226 e 227 da Carta Magna apresentam vasto conteúdo do dever dos pais de assistir, criar e educar os filhos maiores até completarem seus 18 anos, salvo o caso de emancipação.

O Estatuto da Criança e do Adolescente também agasalha no seu art. 22 que incumbe aos pais dirigir a criação, a educação dos filhos, cabendo ao Estado fazer a fiscalização da inadimplência desses direitos e deveres, podendo até aplicar sanções como a destituição do poder familiar, não com o intuito de punição, mas de preservação dos interesses do menor.

Em virtude da tendência mundial de não mais se considerar o culpado no final da relação conjugal, o que trazia ainda mais sofrimento e insuportabilidade às partes, o termo final da união passou a ser padronizado (diante da insuportabilidade da vida em comum) a fim de se buscar uma justiça mais restaurativa do que de achar culpados e puni-los.

Os filhos são afetados de diversas maneiras, antes e após o divórcio, por: falta de interesse dos pais, acompanhamento das brigas do casal, alienação parental, falta de representatividade, falta de carinho, exclusão social, preconceito escolar, falta de concentração, desenvolvimento de comportamento irritadiço, hostil, sentem-se impotentes diante da ruptura, gerando até uma autoculpa (casos de crianças entre 3 a 6 anos), pois coincide com a fase edílica de Freud – Quando se inicia a triangulação, ou seja, a inclusão do pai, que irá ocasionar as situações conflituosas em que o menor tem uma forte atração pelo genitor do sexo oposto, e repudia o do mesmo sexo, por ciúmes.

Casos ainda mais severos, que são relatados pelos clientes, são depressão, enurese noturna, condutas repetitivas, desenvolvimento de bruxismo, portanto, a separação é um luto por tudo que foi perdido, devendo o casal não só estar atento à parte patrimonial e sim, ao lado emocional dos filhos, com o correto manejo da raiva, da mágoa, da culpa, da vergonha e da perda de si mesmo, podendo paralisar os integrantes da família por anos ou até gerações.

Um casal, quando está dentro do conflito emocional, geralmente não consegue olhar acima do próprio emaranhado, não acha solução e, o pior, cria diariamente mais conflitos, porque a alma busca um culpado no término da relação.

Quando morre a emoção do amor, dando lugar à indiferença, é que se faz muito difícil o relacionamento, porque desaparecem as manifestações da vida pulsante e rica de aspirações.

Se colocar na posição de vítima é o melhor lugar para ocupar, ocasionando assim, um "lavar as mãos" sobre a responsabilidade marital.

No abismo dos conflitos que se apresentam em muitos indivíduos, o medo de amar, a desconfiança, por saberem-se não amadas, o receio de terem identificadas as suas facetas tormentosas, criam impedimentos a boa relação no lar.

O que acontece quando os cônjuges olham para o parceiro durante a relação conjugal e falam as três palavras mágicas: sim, por favor, agradeço. Essas três palavras, quando executadas dentro da relação, dificilmente levarão ao desenlace. Ocorre um respeito mútuo, uma integralidade do amor.

Quando olhamos para nosso parceiro e dizemos, "sim", concordamos com ele exatamente como ele é, e ainda, incluímos nesse pacote toda a relação familiar que vem junto, ou seja, a família de origem, independentemente do que isso possa envolver e ocorrer no futuro.

Muitos casais se divorciam por não saber separar a família de origem da relação conjugal, fazem comparações familiares, lutas para ver quem sabe mais e quem erra mais, e isso só desgasta a relação fazendo surgir mágoas, que mais cedo ou mais tarde voltam como erupções vulcânicas.

Se emaranham nos problemas familiares e levam para dentro de seus lares toda a dor, o ódio, os problemas mal resolvidos de gerações, que não fazem parte daquele lar, pesando negativamente no dia a dia do casal.

Portanto, quando concordamos e aceitamos, dizendo sim para o cônjuge, ratificamos o jeito que ele ou ela é, honrando com o conjunto, tomando exatamente do jeito que é, alegrando-se e aceitando os defeitos e as qualidades.

Dizer "sim" é amplitude.

Quando homem e mulher dizem "sim" para tudo que envolve a relação, um olha para o outro com amor e respeito e não existem desavenças que afetem esse relacionamento, pois estão seguros do que querem e reconhecem que são imperfeitos.

Quando em uma relação existe uma competição econômica, intelectual, ou o casal busca a perfeição para acusar o outro ou se promover frente a amigos e familiares, não se recebe o amor de forma ampla e sim incompleta.

A palavra *grato* gera uma consideração por tudo que ele ou ela faz, considerando tudo, do jeito que é cada um. Todo homem necessita da mulher e a mulher necessita do homem, pois um se completa no outro na sua integralidade.

O homem ou mulher que vem pela metade da família de origem, e sonha em encontrar a "tampa da panela", já caiu em um abismo, pois ninguém pode completar o que falta no outro, é muita carga para o cônjuge precisar completar, devemos vir completos de casa e somar.

A palavra *por favor* não traz nenhuma exigência, pois a exigência mata o amor. Quando se exige do companheiro, não se dá oportunidade de escolha, se impõe algo, e quando é imposto se torna uma escravidão e não uma troca.

Toda a exigência ao cônjuge para que ele faça algo que o outro não possa dar, faz nascer uma mágoa, que com o passar do tempo irá se tornar em confronto e uma luta de acusações.

Com o sim, o grato e o por favor, o amor cresce e é pleno, pena que muitos casais só reconhecem essas palavras no fim.

Os relacionamentos de qualquer natureza dependem sempre do nível de consciência daqueles que estão envolvidos. Havendo maturidade psicológica e compreensão de respeito pelo outro, facilmente se aprofundam as conquistas e os sentimentos, mantendo-se admirável comunhão de interesses.

É natural que o céu de qualquer relacionamento nem sempre esteja tranquilo, as nuvens da incompreensão às vezes podem flutuar, mas logo são aclaradas com o sol da razão que chega por meio de diálogos saudáveis, facultando o entendimento daquilo que ficou obscuro.

8

DA ALIENAÇÃO PARENTAL

Faz-se necessário diferenciar, desde já, a alienação parental da síndrome de alienação parental.

O ato de alienação parental, segundo a Lei n.º 12.318/2010, é a interferência na formação psicológica da criança ou do adolescente promovida ou induzida por um dos genitores, pelos avós ou pelos que tenham a criança sob a sua autoridade, guarda ou vigilância para que repudie o outro genitor ou que cause prejuízo ao estabelecimento ou à manutenção de vínculos com esse (artigo 2º).

Por outro lado, a síndrome de alienação parental (SAP) ocorre em decorrência da prática de atos (ou ato) de alienação parental. Então a síndrome nada mais é do que as sequelas emocionais e comportamentais de que vem a padecer a criança vítima daquele alijamento conhecido como alienação parental.

A SAP também pode ser identificada como síndrome de implantação de falsas memórias; síndrome de medeia; síndrome de órfãos de pais vivos; síndrome da mãe maldosa associada ao divórcio; reprogramação da criança ou adolescente.

Destaca-se, ainda, que a interferência psicológica não precisa ser explícita, ou seja, os atos de alienação parental também ocorrem de forma camuflada (induzimento).

Verifica-se que os atos e a alienação propriamente dita não estão limitados aos genitores. De acordo com o que a própria lei menciona, outros agentes podem ser sujeitos ativos dos atos, tais como: avós, tios, pessoa que não seja parente biológico, mas que tenha autoridade, guarda ou vigilância sob a criança ou adolescente.

Além de destacar os sujeitos ativos dos atos de alienação parental, a lei 12.318/2010 elenca, de forma exemplificativa, as condutas que podem caracterizar a alienação parental:

> Artigo 2º, parágrafo único: São formas exemplificativas de alienação parental, além dos atos assim declarados pelo juiz

ou constatados por perícia, praticados diretamente ou com auxílio de terceiros:

I – realizar campanha de desqualificação da conduta do genitor no exercício da paternidade ou maternidade;

II – dificultar o exercício da autoridade parental;

III – dificultar contato de criança ou adolescente com genitor;

IV – dificultar o exercício do direito regulamentado de convivência familiar;

V – omitir deliberadamente a genitor informações pessoais relevantes sobre a criança ou adolescente, inclusive escolares, médicas e alterações de endereço;

VI – apresentar falsa denúncia contra genitor, contra familiares deste ou contra avós, para obstar ou dificultar a convivência deles com a criança ou adolescente;

VII – mudar o domicílio para local distante, sem justificativa, visando a dificultar a convivência da criança ou adolescente com o outro genitor, com familiares deste ou com avós.

A conotação de síndrome não é adotada na lei brasileira em virtude de não constar na Classificação Internacional da Doenças (CID) e, também, por dizer respeito ao conjunto dos sintomas provocados pela alienação parental, eis que a legislação pátria apenas trata dessa exclusão proposital e não de seus sintomas e consequências.

Esse fenômeno começa, geralmente, nas disputas judiciais pela guarda dos filhos, no decorrer da separação ou divórcio, tendo em vista que geralmente um processo de separação inicia com rugas maléficas como: traição, rejeição, abandono, angústia, insuportabilidade da vida em comum, violência, abusos, álcool, drogas e outros afins.

Mas, não podemos deixar de descartar os casos de alienação parental quando o casal ainda está junto, chamado de alienação parental intrafamiliar.

É de conhecimento geral que a intromissão em um relacionamento é conduta socialmente reprovável (sendo necessária em situações de violência). Uma vez que, na vida familiar, quem cuida são os integrantes da família, como já dizia o ditado popular: "em briga de marido e mulher, ninguém mete a colher".

Interferir na vida privada das pessoas é conduta vedada pela própria Constituição Federal, salienta o art. 5º, X.

Somem-se a isso as constantes críticas que o Estado e os legisladores recebem ao interferir na criação dos filhos, por exemplo, a aprovação da lei da palmada (Lei 13.010/14 – Menino Bernardo). O menino Bernardo Boldrini foi assassinado em abril de 2014, quando tinha somente 11 anos de idade. De forma cruel, uma mistura de sedativos aplicada culminou em overdose por superdosagem do medicamento Midazolam.

De acordo com João Aguirre, vice-presidente do Instituto Brasileiro de Direito de Família em São Paulo (Ibdfam-SP), especialista em Direito Processual Civil e professor da rede LFG, também chamada de Lei da Palmada, a Lei 13.010/2014 se insere no ECA (Estatuto da Criança e do Adolescente), especialmente os Artigos 18A e 18B.

É comum ouvir de alguns pais que "no meu tempo, não tinha problema dar alguns tapinhas para que a criança aprendesse". No entanto, com algumas palmadas de correção, os pais podem, de alguma forma, extrapolar no uso da força, tendo em vista que no momento estão acometidos de raiva, expondo a criança e o adolescente ao sofrimento físico desnecessário. No entanto, os casos são muito particulares.

Uma grande obra de ensinamento é o livro[16] *Educação não violenta*, de Elisama Santos, onde o livro retrata justamente o método de educação que cada vez mais vem sendo abraçado pelas famílias e educadores de todo o mundo, isso porque seus resultados são muito mais eficientes e humanizados do que a cultura normativa que temos de educação. Justificar obediência por meio das famosas "palmadas" sempre foi um argumento utilizado pela sociedade na função de educar alguém, esse comportamento é visto como normal e aceitável por grande parte da população, entretanto é necessário jogar um estudo sobre o que essa obediência forçada cria na mente de uma criança.

Um caso famoso, que podemos relatar aqui, foi o de uma procuradora aposentada que torturava a filha adotiva, de apenas 2 anos. Os funcionários da procuradora realizaram uma denúncia e ela foi indiciada, perdendo o poder familiar e a responsabilidade sobre a criança, bem como o direito de adotar. Foragida durante quase seis anos, a procuradora foi presa em janeiro de 2019.

Em função primordial, a Lei do Menino Bernardo assegura que tanto a criança como o adolescente não sofram nenhuma forma de punição que seja degradante, implique em correção por castigo físico ou humilhação, acarretando sofrimento físico ou lesão.

---

[16] SANTOS, Elisama. **Educação não violenta**. São Paulo: Editora Paz e Terra, 2019.

O procedimento para o divórcio é um exemplo de como o Estado tem buscado não invadir a vida privada das pessoas, ou seja, antes da Emenda do divórcio era necessário motivar o pedido (buscar um culpado) e passar por um período de separação prévia.

A problemática também pode ocorrer quando um dos genitores não aceita algumas características do outro e busca, por meio de atitudes questionáveis, evitar que o filho desenvolva tais comportamentos, de modo ao cônjuge servir de exemplo duvidoso ao filho. É o caso, por exemplo, de um pai que não gosta do fato de a companheira ter amizade com outros homens, reforçar para a filha esse comportamento, causando-lhe sofrimento e dificuldades de relações sociais posteriores. Ou até mesmo, no caso do pai alcoólatra e a mãe por reiteradas vezes dizer ao filho: "não seja como seu pai que bebe sempre".

Tudo isso atua de forma silenciosa.

Outro exemplo é quando a mãe tem facilidade na oratório e na vida pública e o pai tenta diariamente salientar para filha, dizendo: "viu filha, não seja assim como sua mãe, 'dada' com os outros".

Isso reflete um grave distúrbio emocional no pai, que esconde ciúme doentio, refletindo até mesmo uma crença nos ensinamentos familiares de que a mulher deve se submeter ao marido não tendo qualquer direito de se expressar publicamente.

Além disso, a dificuldade de constatação da alienação aumenta quando o casal briga com frequência, mas não encerra o relacionamento. Muitas vezes, a frequência das brigas e discussões é muito mais prejudicial às crianças e aos adolescentes do que um divórcio saudável e com respeito.

Enganam-se os casais que acreditam que o melhor para os filhos é que o casal não se separe, mesmo diante de um casamento – ou união – infeliz e conflituoso. O conflito diário prejudica a alma familiar, distorcendo valores e causando sérios riscos de replicação no futuro pelos filhos do passado vivido pelos pais.

Quem nunca ouviu dizer o seguinte ditado: "filho de peixe, peixinho é", trocando em miúdos, o vô separou, o pai separou, qual você acha a probabilidade de o filho se separar?

Muitas vezes os cônjuges projetam seus conflitos emocionais próprios (aquilo que não suportam em si mesmos) no outro, gerando conflitos interpessoais agudos, em que pais enxerguem nos filhos um meio de vingança, ou até mesmo um escudo emocional.

Para compreender melhor como ocorre na prática a alienação parental, podemos dizer que se trata de uma campanha iniciada por um genitor, que geralmente é aquele que ficou como guardião da criança, dentro da guarda unilateral ou compartilhada, pois muitas vezes as pessoas invertem o sentido da compartilhada com a alternada.

O menor, como sente-se acuado e desprotegido, tendo em vista a separação dos pais, permanece inerte e até mesmo constrói um campo real na sua consciência daquilo que o alienante propõe e inventa, como é exemplo nos casos de abusos sexuais, estupros, em que muitas vezes nada acontece e a criança cria a ilusão real dos fatos.

O genitor guardião começa sutilmente a difamar o genitor não guardião, evitar encontros, desligar celulares, marcar compromissos no horário de entrega da criança, desrespeitar, rebaixar tanto fisicamente como economicamente outro, tudo isso gera transtornos nos menores a ponto de o menor absorver a campanha negativa e ele mesmo expelir sua revolta contra o genitor amado.

Acompanhei um divórcio em que a mãe, durante o tramite processual, buscava semanalmente subterfúgios para acusar o pai, desmerecendo-o do convívio com a filha. Até que ponto que isso ajuda na proteção do filho? Buscar evitar terceiros de cuidar da prole, enquanto o pai laborava, não iria modificar a sua relação enquanto mulher. A dor daquela mãe não era em busca do melhor a filha e, sim, era para curar a dor da perda do homem que um dia ela amou.

Para o pai ou mãe alienado(a) é triste e constrangedor ver o próprio filho replicando as palavras do cônjuge alienador, o que pode ocasionar, geralmente, o afastamento do genitor, exatamente como planejou o alienante.

Todos nós temos 50% do pai e 50% da mãe, já dizia Bert Hellinger, em *Ordens do Amor*.

Nem tudo que um dos genitores faz é 100% bom ou 100% ruim, a ambivalência é algo a ser prestado atenção, pois todas as situações têm dois lados – até mesmo crianças abusadas sexualmente na família são capazes de reconhecer que ainda amam o abusador.

O genitor alienador é visto sempre como o melhor, sempre bom, não erra, em que qualquer reprovação em sua conduta é totalmente refutada, como se fossem guerreiros fiéis e cruéis.

Existem vários estágios da síndrome da alienação parental, desde o tipo mais leve, em que as visitas ocorrem quase sem problemas, com dificuldades apenas nas trocas de genitores, na entrega do menor. No tipo moderado, nasce as difamações, as acusações, os empecilhos do alienador, desregulando as visitas, inventando desculpas sem conotação legal, para afastar o menor do genitor alienado.

Na sequência surge o tipo grave da síndrome, em que os menores já estão totalmente perturbados, por isso as visitas são raras e difíceis. As crianças não se sentem bem, ficam emudecidas e muitas vezes não querem mais ver o genitor alienado.

O ódio aqui, em relação ao genitor não guardião, fica extremo, sem diálogos, em que o vínculo começa a ser cortado.

Bert Hellinger, na *Constelação Familiar*, leva em conta o pertencimento que inclui o indivíduo no sistema ao qual está inserido, portanto, a exclusão de um membro familiar gera distúrbios que podem influenciar no futuro da geração familiar.

Denise Maria Peressini da Silva[17] traz em seu livro as 17 atitudes mais frequentes da prática da síndrome, a saber:

1. Recusar-se a passar as chamadas telefônicas aos filhos;

2. Organizar atividades mais atraentes nos dias de visitas do genitor sem a custódia;

3. Apresentar o novo companheiro como o novo pai ou nova mãe;

4. Interceptar qualquer correspondência física ou virtual, e telefonemas dos filhos;

5. Desvalorizar e insultar o outro progenitor diante dos filhos comuns;

6. Recusar-se a repassar as informações das atividades extraescolares da prole;

7. Obstruir o exercício das visitas;

8. Não avisar o outro progenitor de compromissos dos filhos com terceiros em vez do genitor não guardião quando o custodiante sai de férias;

9. Não avisar o outro progenitor de compromissos dos filhos com médico, dentista ou psicólogo; 9. Envolver pessoas próximas na alienação;

---

[17] SILVA, Denise Maris Perissini da. **Guarda compartilhada e síndrome da alienação parental**. O que é isso? Campinas: Autores Associados, 2010. p. 55-56.

10. Decidir sozinha acerca de escolhas relevantes na educação dos filhos;

11. Boicotar informações médicas ou escolares dos filhos;

12. Deixar os filhos com terceiros em vez do genitor não guardião quando o custodiante sai de férias;

13. Proibir os filhos de usarem as roupas e os objetos (telefone, celular, computador, brinquedos) dados pelo genitor não guardião;

14. Ameaçar os filhos ou prometer atentar contra si próprio se os filhos mantiverem contato com o outro genitor;

15. Culpar o progenitor não guardião pelo mau comportamento dos filhos;

16. Não só ameaçar mudança para residência geograficamente distante, como assim proceder, mudando-se para outro Estado ou Federação, isto quando não esboça buscar autorização judicial para morar fora do País;

17. Telefonar com frequência e sem motivos sérios durante as visitas do outro genitor.

Dessa forma, o modo como os pais encaram o processo de separação e o divórcio é determinante para o futuro dos filhos e a saúde emocional da família. Se os pais souberem conduzir o processo de uma forma madura, a ruptura afetiva vai ser leve, e logo todos os integrantes se adaptam à nova rotina.

Agora, caso os genitores tiverem muita raiva, mágoa, sem superar os conflitos, a família vai vivenciar experiências ruins, complexas, tendo depressão, ansiedade, medo, abandono, o que vai prejudicar o rendimento escolar e gerar fobias na fase adulta.

O casal que pratica alienação parental vive em um mundo alheio à realidade familiar. O que se "parece" proteger agora, é o estrago do amanhã.

9

UMA VISÃO DIMENSIONAL DAS EMOÇÕES

É fundamental para a prole que exista um elo de compreensão, de respeito recíproco e cooperação entre os genitores, pois só assim a criança terá confiança que garantirá sempre ambos os pais juntos e ao seu lado após uma separação conjugal. O maior medo interno da criança é esse. E agora, como vai ser? Vou ficar com o pai ou com a mãe?

A convivência e a coabitação já estão abaladas, sendo assim, manter uma saudável e primordial harmonia nas responsabilidades afetivas de cada integrante familiar é a mola mestra para o sucesso da relação parental.

Os filhos são preservados quando não estão sendo veículos de vingança, chantagens ou que não entram no meio da discórdia do casal.

Muitos casais brigam na frente das crianças, deixando o clima doméstico irritadiço, promovendo uma confusão mental na criança que vai respingar na escola, nas emoções e no comportamento infantil. Colocar o filho no meio do vulcão é deixar de assumir as próprias responsabilidades, convergindo no vulnerável as principais dores do final do relacionamento.

Atendi a Paula, e ela não conseguia mais manter o controle da relação conjugal, desesperada, tentava usar a filha para fazer chantagem emocional ao seu ex-cônjuge Pedro. Durante mais de dois anos uma batalha judicial foi travada, até que a filha adoece e juntos o casal novamente busca realinhar a vida para cuidar da prole.

Portanto, dois anos de palavras malditas, julgamentos, enfrentamentos mútuos, para no final perceber que ambos ainda se amavam e não se viam maduros na relação conjugal.

O amor entre o homem e a mulher precisa ser pleno. Ocorre que, muitas vezes, quando se casam buscam no outro o que faltou na infância, desenvolvendo o amor à primeira vista, incompleto.

Nunca o homem completará a mulher ou a mulher o homem se buscarem compensar a falta da infância. Uma mulher nunca dará ao homem o que ele não recebeu de uma mãe. E o homem nunca dará a uma mulher o que ela não recebeu de seu pai.

Aqui não estamos diante de homem e mulher, estamos diante de um menino e uma menina. Ou melhor, um filhinho da mamãe ou uma princesinha do papai.

Aos filhos não pode ser imposta a função de proteção dos cônjuges, pois esses, de acordo com a lei de hierarquia, vieram primeiro, e, portanto, devem respeito e atenção. Da mesma forma, aos filhos não pode ser imposta a situação de substituição de um dos cônjuges, como é o caso do filho que fica com a mãe, e a genitora fala: "Agora você é o homem da casa".

Na realidade, os filhos nunca querem que os pais se separem, isso é um fato que precisa ser bem conduzido pelo casal e com o auxílio necessário de um especialista, como psicólogo, terapeuta familiar ou psiquiatra.

Devemos sempre preferir um relacionamento amoroso, saudável, com respeito do que um relacionamento cheio de brigas, conflitos e traições.

Muitas vezes o casal chega ao ponto da separação não por traição, álcool ou violência física, mas por falta de respeito na relação interpessoal, por um dos companheiros não assumir suas responsabilidades, desiquilibrando o dar e receber, por existir competição profissional e financeira entre os cônjuges, por um dos cônjuges não saber gerir suas emoções particulares e destruir a relação conjugal por birras, ciúmes, posse, falta de diálogo, por existir confrontos diários entre os cônjuges, são fatores que vão esfriando o amor existente e terminando com o casamento.

Segundo o psicólogo Rossandro Klinjey, as crianças se adaptam mais facilmente ao divórcio que os adultos, devido ao grau superior de resiliência delas. Afinal, elas não estão semeando ódio ou rancor no coração, quem está alimentando com o passar dos tempos esses sentimentos são os adultos.

Para que o casal saia vitorioso após um divórcio ele precisa saber lidar com as emoções. Saber gerir as emoções é a bússola do bom relacionamento e a continuidade do amor e respeito por meio da relação parental.

Antes do final do relacionamento, quando ainda tem chances de implantar mudanças e transformar as dificuldades em aprendizados, os cônjuges precisam se valorizar, apostar alto na sua família, procurar auxílio profissional (terapeutas, constelação familiar, psicólogos, psiquiatras, médicos), buscar se reinventar, compreender que a família é um grande projeto divino e que é lá que evoluímos e as dificuldades encontradas são e vieram para nosso bem.

Compreender as diferenças, as dificuldades, os porquês do mal entendimento conjugal, como oportunidades de se reinventar, de criar vínculos, de autocurar-se, autoconhecer-se são atitudes que representam a grande chave do sucesso, pois nenhum casal ou casamento é perfeito, geralmente tem rugas a sanar, o que vai dizer se esse ou aquele relacionamento permanece é a forma com o que os indivíduos tratam suas emoções.

Estar aberto para tratamentos psicológicos, dizer sim para as terapias e os acompanhamentos de profissionais que poderão salvar relações conflituosas, dando um novo olhar para os conflitos. Um terceiro demonstrando o caminho faz com que ambos possam ter coragem de recomeçar.

Essa gerência emocional do casal precisa estar conectada com quatro situações corporais: fisiológica, comportamental, estado de humor e pensamentos.

Os distúrbios nas glândulas endócrinas afetam o dia a dia das pessoas. De uma forma bem superficial, o sistema endócrino é responsável pela produção de substâncias químicas denominadas hormônios, que são secretados no sangue, e vão regular diferentes células e tecidos do organismo. As células especializadas responsáveis pela produção dos hormônios são conhecidas como células endócrinas.

Dificuldade de dormir, distúrbios alimentares, colesterol, menopausa, diabetes, distúrbios na menstruação, estresse trazem malefícios para o ser humano e isso reflete no seu humor e nas relações interpessoais, aumentando as chances dos conflitos conjugais.

Quando um dos cônjuges não está passando por momentos bons, está passando pelo seu deserto, o outro cônjuge deve respeitar, considerar, falar mais baixo, silenciar, e o principal de todos, não julgar.

Tomar sol todos os dias, praticar atividades físicas, ouvir música, fazer uma caminhada, natação ou qualquer outro esporte, faz com que o nível de serotonina no sangue seja elevado, regularizando assim as monoaminas, dando oportunidades ao corpo físico e mental entrar novamente em sintonia.

Nosso organismo é uma máquina diária, ele trabalha 24 horas por dia, sem cessar, ele precisa funcionar em constante união física e mental. Os hormônios, substâncias, órgãos e sistemas precisam estar em harmonia para garantir a saúde ideal e o bem-estar que o corpo precisa.

Porém, quando surgem dores de cabeça, casos de insônia ou irregularidades no humor (felicidade ou tristeza), estresse constante, os problemas podem ter relação com a serotonina baixa no organismo.

O neurotransmissor é um dos responsáveis por manter o organismo em pleno funcionamento, estabelecendo comunicação entre as células nervosas e o cérebro. Quando o corpo encontra dificuldades para realizar esse fluxo, os sinais físicos e psicológicos surgem.

A serotonina é um neurotransmissor presente no cérebro, no sistema digestivo e nas plaquetas do sangue. A atuação da substância é responsável por coordenar diversos quesitos, incluindo o humor, apetite e até mesmo a frequência cardíaca.

Tristeza, felicidade ou alternância (bipolaridade) tornam confusas as relações familiares, quando mal administradas, reconhecer a patologia, entregar-se ao tratamento e aceitar ajuda é o início da cura individual que irá refletir na mansidão conjugal.

Muitas vezes um dos cônjuges está acometido por problemas financeiros, dificuldades no trabalho, no convívio social, e traz os conflitos para resolver ou até mesmo desabafar dentro do lar, ocasionando verdadeiras tempestades, pois é difícil sopesar as palavras, os gestos e ações, quando se está sobrecarregado, oportunizando de certa forma, jogar a culpa no parceiro, como uma forma de autodefesa ou raiva reprimida

Nesses casos é que um bom psicólogo ajudaria muito na relação conjugal, pois o cônjuge doente poderia jogar todas suas dores e tensões na sessão de terapia e no final voltaria para o lar descarregado de emoções negativas, tendo oportunidade de compartilhar o amor. A procura de um médico especializado é um grande passo para sanar as dificuldades físicas e emocionais e poder melhorar ou até mesmo evitar conflitos familiares.

Aceitar, respeitar e entender o outro são benevolências que todos precisamos ter. Não existe casamento feliz se não existir um equilíbrio, uma balança que equaciona as relações emocionais. Em primeiro lugar, eu preciso estar bem, para depois contribuir com o próximo, isso é autoamor. Que amor tem futuro? O amor que tudo inclui, ao invés de excluir algo. O que ocorre quando excluímos, rejeitamos algo? Perdemos.

Outro ponto fundamental é a gerência dos pensamentos. Os pensamentos negativos invadem a alma e podem levar uma pessoa a loucura e interferir na vida do casal.

Construir e não destruir, buscar compartilhar conhecimentos e não rejeitar a opinião do outro. O que torna uma pessoa grande é o tanto que ela compartilha com o todo e sabe aceitar os defeitos e as imperfeições.

Pensamentos repetitivos e negativos, ciúmes desenfreados, julgamentos, condenações, pensamentos passados, falta de confiança em si mesmo e no outro podem destruir relacionamentos, infelizmente.

O ciúme é uma insegurança psicológica, uma desconfiança sistemática, transformando em algoz implacável do ser. O cônjuge enfermiço de ciúme quando não consegue asfixiar aquele a quem estima ou ama, dominando-lhe a conduta e o pensamento, foge para o ciúme, em cujo campo se homizia, a fim de se entregar aos sofrimentos masoquistas que lhe ocultam a imaturidade, a preguiça mental e o desejo de impor a vítima à sua psicopatologia.

O ciumento deixa o ego ver o que lhe agrada e se envolve apenas com aquilo que acredita, por isso, para o ciumento é tão real o que o outro supostamente lhe faz que ele não consegue pensar o contrário.

Os pensamentos negativos fazem com que casais briguem diariamente, discutem pela forma de educar as crianças, entram em controvérsias desagradáveis sobre seus próprios assuntos íntimos e em desacordo sobre amigos e atividades sociais, procuram falhas um no outro, dizendo que o outro nunca tem tempo, negligenciando os pontos positivos da relação.

O ciumento sempre vai levar a sua vítima à loucura. O ciumento não tem paz, porque está agrilhoado nas estreitezas dos espaços emocionais doentes, vencido pelo veneno do ciúme. Quando um dos cônjuges está alienado, facilmente fica vulnerável por terceiros que não querem que aquela relação seja feliz, aí que age a inveja.

O ciúme invade o pensamento e começa uma grande destruição e reversão da realidade. Você não olha para o lado, você não pode vestir-se assim, você não pode falar isso ou aquilo... são frases prontas de pessoas com alto grau de ciúmes, e que muitas vezes não reconhecem a patologia, levando aos casos extremos de violência doméstica.

A violência doméstica pode ser física, psicológica, sexual e financeira. A violência psicológica, por ter essa forma tão sutil e vem se desenvolvendo de uma forma gradativa, muitas mulheres passam a vida toda, durante 30, 40 anos, num relacionamento abusivo sem perceber.

A presença de um ou mais comportamentos pode significar que uma mulher é vítima de violência física, psicológica ou sexual no seu relacionamento.

- Tem medo do temperamento do seu parceiro?
- Tem medo da reação dele quando não tem a mesma opinião?

- Ele reage de forma raivosa e descontrolada quando é contrariado?
- Ele constantemente ignora os seus sentimentos, ideias e emoções?
- Ri das coisas que você diz para ele, não respeitando o seu ponto de vista?
- Procura ridicularizá-la ou fazê-la se sentir mal em frente dos seus amigos, familiares ou de outras pessoas do convívio familiar?
- Alguma vez ele ameaçou te agredir, como: jogar algum objeto, pegar algum objeto para lançar, levantar a mão, se aproximar com raiva?
- Ele já te bateu, deu um pontapé, empurrou ou atirou algum objeto em sua direção?
- Não pode estar com seus amigos e com a sua família porque ele tem ciúmes?
- Já foi forçada a ter relações sexuais?
- Tem medo de dizer "não" quando não quer ter relações sexuais?
- É forçada a justificar tudo o que faz, aonde vai, por que vai?
- Ele está constantemente te ameaçando de terminar o relacionamento, que vai embora, quer te deixar sozinha?
- Te ameaça dizendo que você não vai se virar sozinha caso ele te deixar?
- Já foi acusada injustamente de estar envolvida ou ter relações sexuais com outras pessoas?
- Sempre que quer sair tem que pedir autorização para ele?
- Te ameaça dizendo que vai embora e vai levar os filhos?

Caso você sofra alguns desses itens, você pode estar sendo refém do autor da violência, infelizmente você encontra-se em um relacionamento abusivo.

Sei, você pode estar se perguntando, mas o que fazer, pois eu o amo.

Muitas mulheres, ou melhor, quase todas, que passaram pelo meu atendimento, sentiram um, ou alguns desses itens, muito antes de decidir em se separar. Deixaram-se levar pela rotina, iam aceitando, adiando, buscando alternativas, até que um dia começaram a se amar, olhar para si, e deixaram de ser coniventes com o que lhes fazia mal, e esse despertar veio somente quando os filhos já atingiram uma maioridade. Aí sim, elas se deixaram amar.

A baixa autoestima da mulher, incluindo aqui a vitimização, é um elemento muito nocivo para a relação conjugal e influencia de forma negativa em todos os comportamentos. A pessoa se sente inferior; não se acha apta ou capaz de manter o relacionamento e transforma a própria vida e a do outro em contínua tortura.

Com a sabedoria, geralmente a mulher se liberta. A sabedoria não pode ser imposta, ela deve ser adquirida pelo pensamento positivo, esforço voluntário e individual. A natureza se utiliza da adversidade e do fracasso para transmitir sabedoria a todos que estão preparados para recebê-la.

O descontrole dos sentimentos levando a um sentimento de posse do outro também é uma chaga terrível, pois o desejo de exclusividade, de escolher pelo outro, de dizer que os gostos são melhores, dar prioridade por seus desejos e sonhos, afasta o outro cônjuge da relação, levando ao divórcio em poucos anos, pois censura a liberdade do outro, gerando um ciclo interminável de briga, pois um perde a paciência e o outro quer se impor.

Quando um dos cônjuges sente-se ameaçado, reprimido, vítima da violência moral e psicológica do outro cônjuge, ele começa a agir com comportamentos estranhos como: se afasta de amigos, família e pessoas do vínculo familiar, desmotiva-se, não sente mais prazer em realizar passeios, jantares, comemorações de aniversários, e isso leva à morte do relacionamento.

Diante desses acontecimentos, geralmente um dos cônjuges desperta para um novo amanhecer, e começa se curar de dentro para fora, fazendo um balanço interno, dissolvendo dores e emoções passadas e busca de um futuro melhor.

Às vezes, durante a noite escura, as pessoas esperam ansiosas para que o sol nasça novamente. Simplesmente porque o sol, o dia, atua como balsamo nos corações aflitos pela dor, pela culpa, pelo tempo perdido.

Toda união afetiva é também uma empresa das mais complexas, pelo fato de a convivência contínua ser de natureza íntima, intransferível, interpessoal, exigindo responsabilidade e compreensão de ambos os membros.

Os melindres, as inseguranças, os conflitos devem ser analisados em conjunto para que o casal cresça e possa conviver em harmonia. Ambos precisam reconhecer que vieram de famílias diferentes. O homem e a mulher precisam reconhecer que existem duas famílias diferentes e valores diversos.

A questão é: como o amor pode dar certo?

Devem fazer o mesmo que fizeram no início.

O homem abre o coração não só para a mulher escolhida para ser mãe de seus filhos, mas para toda a família de origem. A mulher abre o seu coração não só para o homem, mas para toda a sua família.

E agora, o que acontece? Ambos crescem, se respeitam e criam seus filhos com amor e vivem juntos por muitos anos.

Quando existe saúde emocional e amadurecimento psicológico em ambos os parceiros, as soluções harmônicas cicatrizam as chagas dos desentendimentos, eliminam as acusações recíprocas e restabelecem a saúde nos diversos aspectos.

10

VIOLÊNCIA DOMÉSTICA E RELACIONAMENTOS ABUSIVOS

A violência doméstica foi por muito tempo vista até mesmo como cultural e aceitável, tendo em vista a sociedade machista em que vivemos. São inúmeros os exemplos de crenças e padrões arraigados que delegam à mulher um espaço inferior na família e um papel de submissão e dependência, em que a mulher não precisa, não merece, não pode desejar, não pode opinar.

Valeria Bacot tinha apenas 12 anos quando Daniel Polette começou a estuprá-la. Ele foi preso, mas depois voltou para casa da família e supostamente retornou o abuso. Ela o assassinou, mas mais de 600 pessoas assinaram uma petição pedindo sua libertação. Esse caso está sendo julgado em Chalon-sur-Saône, na região central da França, até o dia em que escrevi este trecho não havia saído sentença, mas está ocupando grande espaço no noticiário e tem estimulado o debate da violência contra as mulheres.

A mulher precisa comprovar que pode aumentar o tom de voz para ser vista e reconhecida na sociedade e, ainda assim, vão ter julgamentos.

Quantas vezes já atuei nos Fóruns onde promotoras e juízas precisam manter-se rudes e enérgicas para impor sua posição de respeito.

Aquela é a juíza!!! Aquela mulher pequena é promotora?

A Lei Maria da Penha, no seu art. 7, prevê cinco tipos de violência doméstica como: psicológica, física, moral, patrimonial e sexual.

> Art. 7 São formas de violência doméstica e familiar contra a mulher, entre outras:
>
> I – a violência física, entendida como qualquer conduta que ofenda sua integridade ou saúde corporal;
>
> II – a violência psicológica, entendida como qualquer conduta que lhe cause dano emocional e diminuição da autoestima ou que lhe prejudique e perturbe o pleno desenvolvimento ou que vise degradar ou controlar suas ações, comportamen-

tos, crenças e decisões, mediante ameaça, constrangimento, humilhação, manipulação, isolamento, vigilância constante, perseguição contumaz, insulto, chantagem, ridicularização, exploração e limitação do direito de ir e vir ou qualquer outro meio que lhe cause prejuízo à saúde psicológica e à autodeterminação;

III – a violência sexual, entendida como qualquer conduta que a constranja a presenciar, a manter ou a participar de relação sexual não desejada, mediante intimidação, ameaça, coação ou uso da força; que a induza a comercializar ou a utilizar, de qualquer modo, a sua sexualidade, que a impeça de usar qualquer método contraceptivo ou que a force ao matrimônio, à gravidez, ao aborto ou à prostituição, mediante coação, chantagem, suborno ou manipulação; ou que limite ou anule o exercício de seus direitos sexuais e reprodutivos;

IV – a violência patrimonial, entendida como qualquer conduta que configure retenção, subtração, destruição parcial ou total de seus objetos, instrumentos de trabalho, documentos pessoais, bens, valores e direitos ou recursos econômicos, incluindo os destinados a satisfazer suas necessidades;

V – a violência moral, entendida como qualquer conduta que configure calúnia, difamação ou injúria.

A própria criação da citada lei precisou enfrentar um longo percurso para poder sair do mundo das ideias e se fixar no papel, tendo como expoente o caso de Maria da Penha Maia Fernandes, após anos suportando agressões do marido.

Ela sofreu a primeira tentativa de homicídio perpetrada por ele em 1983 com um tiro que a deixou paraplégica. Se não bastasse isso, pouco tempo depois, outra tentativa de homicídio: o marido tentou eletrocutá-la durante o banho.

Uma pesquisa realizada no ano de 2017, pela Secretaria de Políticas Públicas para Mulheres, analisou os atendimentos da Central de Atendimento à Mulher, e, em dois anos, o número de mulheres que declararam ter sido vítimas de algum tipo de violência passou de 18% para 29%.

Na pesquisa realizada desde 2005, esse percentual se mantinha relativamente constante, entre 15% e 19%. Também houve crescimento no percentual de entrevistadas que disseram conhecer alguma mulher que já sofreu violência doméstica ou familiar. Esse índice saltou de 56%, em 2015, para 71% em 2017.

O retrato do aumento da violência contra as mulheres foi revelado na sétima edição da pesquisa realizada pelo Instituto Data Senado, em parceria com o Observatório da Mulher contra a Violência. Nela, foram ouvidas 1.116 brasileiras, no período de 29 de março a 11 de abril de 2017. O estudo é realizado de dois em dois anos, desde 2005, com mulheres de todas as UFs do país.

Entre as mulheres que sofreram agressão, a violência física foi a mais mencionada: 67% das respondentes disseram já ter sofrido esse tipo de agressão. Constatou-se uma relação entre a raça e o tipo de violência predominante. Entre as mulheres que declararam ter sofrido algum tipo de violência, enquanto o percentual de brasileiras brancas que sofreram violência física foi de 57%, o percentual de negras (pretas e pardas) foi de 74%.

Os agressores mais frequentes, em 74% dos casos, ainda são os que têm ou tiveram relações afetivas com a vítima: o atual marido, companheiro ou namorado foram apontados como autores da agressão por 41% das respondentes. Outras 33% mencionaram o ex-marido, ex-companheiro ou ex-namorado como responsáveis pela violência.

Quando questionadas sobre a Lei Maria da Penha, a totalidade das entrevistadas afirmou já ter ouvido falar sobre a lei. Apesar disso, 77% dizem conhecê-la pouco, enquanto 18% a conhecem muito. Para 26%, a lei protege as mulheres, 53% disseram que ela protege apenas em parte, enquanto 20% responderam que não protege.

E no cenário mundial o panorama não mostra diferenças significantes, pelo contrário, aponta dados alarmantes, o que poderia ser chamado de epidemia global, conforme analisa o psicólogo Mauro Paulino[18], sendo que as informações mais recentes, com a participação de 70 países, estimam que 43.600 mulheres são assassinadas todos os anos como consequência do crime de violência doméstica, salientando que um quarto dos países do globo ainda não tem legislação para o combate à violência de gênero (ActionAid, 2016).

Igualmente, o último relatório da Organização Mundial de Saúde[19] (OMS, 2014) refere que uma em cada três mulheres foi ou será vítima de violência doméstica ao longo de sua vida, incluindo a violência física ou sexual, segundo o site[20] da Organização Pan-Americana de Saúde de março de 2021.

---

[18] PAULINO, Mauro; RODRIGUES, Miguel. **Violência doméstica, identificar, avaliar, intervir**. São Paulo: Prime Books, 2016. p. 47 e 48.

[19] Organização Mundial de Saúde. **Global Status Report on Violence Prevention**, 2014

[20] Organização Pan-Americana de Saúde. **Devastadoramente generalizada**: 1 em cada 3 mulheres em todo o mundo sofre violência. Disponível em: https://www.paho.org/pt/noticias/9-3-2021-devastadoramente-generalizada-1-em-cada-3-mulheres-em-todo-mundo-sofre-violencia. Acesso em: 01 out. 2021

"A violência contra as mulheres é endêmica em todos os países e culturas, causando danos a milhões de mulheres e suas famílias, e foi agravada pela pandemia de COVID-19", declarou Tedros Adhanom Ghebreyesus, diretor-geral da OMS.

> Mas, ao contrário da COVID-19, a violência contra as mulheres não pode ser interrompida com uma vacina. Só podemos lutar contra isso com esforços sustentados e enraizados - por governos, comunidades e indivíduos - para mudar atitudes prejudiciais, melhorar o acesso a oportunidades e serviços para mulheres e meninas e promover relacionamentos saudáveis e mutuamente respeitosos. (DEVASTADORAMENTE..., 2021, s/p).

No espaço da União Europeia, o mesmo estudo descreve que 25% das mulheres são ou serão vítimas de seus parceiros masculinos.

A pressão psicológica começa de maneira branda, às vezes um ciúme, privação de amizades, uso de roupas, mas tudo pode evoluir chegando até a influenciar nas relações de empregos e uso de celulares e redes sociais.

Quando uma mulher sofre violência ela esconde, mascara, por medo, vergonha e negação. A mulher consegue externar o sofrimento com os atos de violência, nos últimos graus da situação, e muitas vezes será tarde demais.

A lei define a violência psicológica como

> Qualquer conduta que lhe cause dano emocional e diminuição da autoestima ou que lhe prejudique e perturbe o pleno desenvolvimento ou que vise degradar ou controlar suas ações, comportamentos, crenças e decisões, mediante ameaça, constrangimento, humilhação, manipulação, isolamento, vigilância constante, perseguição contumaz, insulto, chantagem, violação de sua intimidade, ridicularização, exploração e limitação do direito de ir e vir ou qualquer outro meio que lhe cause prejuízo à saúde psicológica e à autodeterminação.

Geralmente as mulheres são muito atacadas psicologicamente, atendi casos em que a mulher era humilhada, não tinha valor nenhum dentro do lar, era totalmente submissa às ordens do marido e sofria silenciosamente anos após anos em função da criação dos filhos e da dependência econômica.

Fernanda era prostituta quando veio me contratar. Conheceu seu novo companheiro em uma casa noturna. Lá mantinha às escondidas um romance, mas o principal objetivo de sua vida era laborar, não depender de homem nenhum financeiramente e comprar uma casa para morar com sua filha de 2 anos do primeiro casamento.

Fernanda sofria maus tratos do primeiro marido, após anos de submissão enfrentou o divórcio e logo após a separação não tinha dinheiro para sustentar-se, muito menos, para suprir as necessidades para sua filha e o pouco que recebia de pensão alimentícia mal pagava as fraldas e o leite.

Essa sua realidade levou-a trabalhar em uma casa noturna, mas ela havia jurado para si mesma que iria sair daquela vida assim que comprasse uma casa para morar com a filha.

Como Fernanda não havia curado internamente suas emoções para compreender o porquê de ela ter sido submissa e ter sofrido anos de violência doméstica, só processualmente com o pedido de divórcio, logo voltou a sentir na pele a mesma situação com o novo relacionamento, sendo abusada pelo segundo marido.

Fernanda nada valia como mulher, era abusada sexualmente, nunca foi respeitada pelo segundo companheiro, que a usava como um simples objeto, e nesse ínterim veio a ter o seu segundo filho. Nova separação, nova dor, abandono afetivo, mais um filho sem o convívio do pai biológico.

Fernanda precisava quebrar o ciclo de violência doméstica. As Constelações Familiares têm sido utilizadas na Varas da Família dentro do Poder Judiciário, porque a técnica permite que as vítimas tomem consciência do emaranhado emocional e do ciclo de violência em que estão inseridas com seus parceiros. Ao tomarem conhecimento das leis que regem a vida, ou seja, lei do pertencimento, lei da hierarquia e lei do equilíbrio entre o dar e o receber, abre uma luz na escuridão e ganham força para mudar esse padrão relacionado ao ciclo da violência.

A violência psicológica vai deteriorando aos poucos o emocional da mulher, vai corroendo, até que a autoestima esteja totalmente abalada, prejudicando e respingando na educação dos filhos e no relacionamento interpessoal do casal.

Um casamento saudável tem cumplicidade e respeito, e a mulher que é humilhada, que sofre chantagens emocionais, que se sente menosprezada no seu jeito de ser, não respeitando a sua individualidade, sofre silenciosamente o abuso psicológico que poderá evoluir para o físico em um piscar de olhos.

Vera era uma mulher do interior, recebeu educação conservadora de seus pais, mal acabou o ensino médio e começou se relacionar com Laércio. Casaram-se pouco depois do nascimento do primeiro filho. Tudo caminhava às mil maravilhas, até que Laércio perdeu o emprego e começou a humilhar a esposa, pois sentia-se menor dentro do lar, tendo em vista que a esposa era costureira e laborava em uma pequena empresa no centro da cidade, portanto, era a mantenedora do núcleo familiar.

Laércio recebeu uma educação machista, em que o homem trazia o sustento e a mulher cuidava do lar. Regime autoritário herdado de uma família patriarcal, exemplo de muitos relacionamentos ainda. Diante da realidade, Laércio não soube controlar suas emoções e começou invadir a vida íntima de Vera, causando violência moral e baixa autoestima.

Hoje era uma palavra ríspida, amanhã uma desconfiança que acabava controlando suas ações e emoções, o cabelo dela já não estava arrumado, as roupas que ela usava já não agradavam mais e aquele marido que havia se encantado pela jovem de olhos verdes, deu início em uma perseguição contumaz, com chantagens e ridicularização da esposa em frente aos filhos e amigos.

Vera não tinha mais direito de ir e vir, ela começou se enclausurar, não tinha mais acesso às amigas e não frequentava a casa dos vizinhos. O medo e a vergonha tomaram conta de sua rotina e ela não tinha coragem de pedir ajuda.

Resumo da história, Vera se tornou minha cliente depois de três anos que sofria violência psicológica, e diante da insuportabilidade da vida, tomou coragem e enfrentou Laércio no tribunal. Durante dois anos percorrermos um cenário de filme de terror na justiça em função de posse de guarda e alimentos que no final foi resolvido pela decisão judicial.

Aquela família que nasceu jovem, morreu jovem. Sem ao menos tentar mudar. O que havia ocorrido naquele casal jovem? Por que aquele homem depois de perder o emprego não conseguiu gerir suas emoções e deu início a uma guerra judicial?

Afinal, a mulher precisa ser dominada, para não domar o homem? A mulher é um ser perigoso, caso tenha liberdade de escolha? A mulher nasceu para ser dona de casa? A mulher ainda é um ser frágil e dependente? O que é ser uma mulher nos dias atuais? Ela realmente encontrou seu espaço? E qual seria esse espaço?

Infelizmente, a igualdade de gênero nem sempre foi um assunto devidamente abordado e priorizado pela sociedade. A mulher por muitos anos recebeu uma educação diferente da dos homens, uma educação restritiva de direitos e cheia de ordens, sendo proibida até mesmo de ler e escrever.

Quando solteira, vivia sob o domínio do pai ou do irmão mais velho, que transmitiam todos os direitos ao marido depois do casamento, e assim, resguardava seus sonhos e seus desejos em uma caixinha no seu coração.

Não são raros os casos em que mulheres são violentadas física ou psicologicamente por seus companheiros de vida e até mesmo de trabalho, quando ousam agir de forma igualitária ou assumem determinadas posições de destaque.

Basta a mulher ter um destaque, fazer algo diferente, ser comunicativa, que ressoam vozes masculinas para ridicularizar ou chamá-la de "vagabunda".

Myrthes Gomes de Campos foi a primeira mulher a se formar em direito no Brasil, em 1898 pela Faculdade Livre de Ciências Jurídicas e Sociais do Rio de Janeiro, causando enorme escândalo para sua família, amigos e sociedade da época, uma vez que era completamente inimaginável uma mulher construindo uma vida fora do casamento.

Por longos anos ela tentou o ingresso no quadro de sócios efetivos do Instituto dos Advogados do Brasil, condição necessária para o exercício profissional da advocacia, mas conseguiu exercer a profissão apenas em 1906, quando sua filiação foi aprovada numa assembleia apertada com escrutínio de 23 votos a favor e 15 contra.

Outro bravo exemplo temos no judiciário, quando Auri Moura Costa foi a primeira mulher a assumir a função de juíza, ingressando na magistratura em 1939 após sua aprovação em concurso público em Fortaleza, CE, e apesar de seu inquestionável conhecimento e capacidade técnica, sua vitória foi um possível entendimento equivocado por parte da banca examinadora que, ao avaliar sua prova, tomou o seu nome como referindo-se a um homem, o que evitou uma manifestação tendenciosa.

Imagine a luta diária dessas mulheres, junto de seus colegas e professores masculinos. Pense quanta humilhação não passaram, quanta dor não sentiram, para hoje podermos ver ampliados nossos direitos.

É evidente que hoje o cenário é muito diferente, graças ao nosso bom Deus, de modo que as mulheres podem ocupar os bancos acadêmicos e cargos jurídicos sem qualquer óbice, inclusive, segundo levantamento realizado pelo blog Exame da Ordem em 2019, a quantidade de mulheres acadêmicas de Direito é maior do que a de homens, uma vez que existem 486.422 estudantes do sexo feminino diante de 392.812 do sexo masculino

Mas tal evolução numérica está longe de garantir que as mulheres realmente possam ocupar o lugar que pretendem sem qualquer dificuldade, exclusivamente pelo fato de serem mulheres, existem muitas batalhas ainda para serem travadas, diante das inúmeras desvantagens, inclusive relativas aos salários.

Como demonstrado, desde Sócrates a mulher é considerada inferior, frágil e ao mesmo tempo perigosa e manipuladora para os homens. Sendo que para muitos, esse é o motivo para utilização de força psicológica para coibir o crescimento da mulher dentro de casa e no mercado de trabalho.

Como se não fosse suficiente, por um período, no regime das ordenações, era permitido ao marido, inclusive, a aplicação de penas corpóreas à esposa. Hoje a violência é justificada por muitos como uma "paga" ao mau comportamento da mulher, seja ele por uma vestimenta ou pela busca de colocação na sociedade.

A violência física, que ofende o corpo ou a saúde da mulher pode ir desde socos, tapas, pontapés, arremesso de objetos, queimaduras, empurrões, apertões, torturas a toda sorte de eventos – ainda que não deixem marcas aparentes – até chegar, inclusive, ao assassinato, ao feminicídio.

Uma mulher foi assassinada a cada duas horas em 2016 no Brasil. É o que diz o levantamento feito pelo Anuário Brasileiro de Segurança Pública divulgado no final de outubro daquele ano.

Em números, 4.657 mulheres perderam a vida no país em 2016. Apesar disso, apenas 533 casos foram classificados como feminicídios mesmo após uma lei de 2015 obrigar registrar mortes de mulheres dentro de suas casas, com violência doméstica e por motivação de gênero.

Em cada canto do país, uma fila de casos desafia a capacidade de resposta da Justiça. São mulheres que aprendem a esquecer o silêncio ensinado por suas mães e avós sobre a violência diária entre quatro paredes. Frases como "ele me bateu, mas bateu no direito dele" é recorrente.

Nesse sentido, temos a violência psicológica, cada dia mais crescente na sociedade e muito mais comum do que se imagina. Muitas vezes, conhecemos casais dentro da sociedade que vivem aparentemente bem, mas dentro do lar travam batalhas emocionais jamais imagináveis.

Os dados levantados pelo Sinan (Sistema de Informação de Agravos de Notificação), do Ministério da Saúde, mostram que somente em 2017, último ano com números disponíveis, houve 78.052 casos de violência psicológica contra a mulher em todo o país, sendo que elas sofrem quatro vezes mais violência psicológica do que os homens.

A violência psicológica pode ser identificada, entre outras formas, por meio de xingamentos, atitudes que humilham, menosprezam ou afastam a vítima de seus familiares e amigos, provocando dores emocionais, afastamentos do convívio social e até depressão.

Numa relação afetiva, o agressor geralmente ofende as mudanças do corpo, xingando a mulher de gorda, ou magra demais, as roupas por considerar chamativas ou vulgares demais, e qualquer outra coisa que o desagrade ou considere ofensiva ou ameaçadora, de uma forma que o homem repasse para a mulher uma raiva interna, uma culpa inconsciente ou uma situação que o próprio companheiro vive internamente.

Mas, a despeito da existência de um conceito normativo e de todos os casos já denunciados e noticiados nas mídias sociais, as vítimas ainda têm dificuldades em identificar as ocorrências da violência psicológica.

A violência nos locais de trabalho está muito presente no dia a dia de muitas mulheres trabalhadoras. A Organização Internacional do Trabalho (OIT – 2015) indica que 52% das mulheres economicamente ativas já foram assediadas sexualmente, conforme matéria da *Folha de São Paulo*[21] de 7 de abril de 2017.

No ambiente profissional, a Justiça do Trabalho já tem sido acionada para solucionar tais situações, e muitas investidas têm sido tomadas, inclusive no âmbito internacional para garantir a colocação das mulheres sem qualquer discriminação de gênero.

Muitas vezes justificam os episódios violentos com os próprios comportamentos, ou até mesmo acreditam ser o temperamento do agressor ou consequência do uso de álcool e/ou entorpecentes.

E a violência não ocorre só dentro do lar, quando a violência ocorre no ambiente de trabalho, a vítima geralmente é humilhada, não tem direito à fala, sendo interrompida constantemente como se não dominasse o assunto

---

[21] GUIMARÃES, Hellen. Pesquisa da OIT diz que 52% das mulheres já sofreram assédio no trabalho. **Folha de S.Paulo**. Disponível em: https://piaui.folha.uol.com.br/lupa/2017/04/07/oit-52-mulheres-assedio-no-trabalho/. Acesso em: 01 out. 2021

e as mulheres muitas vezes terminam por acreditar que são incapazes e despreparadas para o encargo recebido.

No que se refere à violência física, conforme Maria Berenice Dias[22], "não só a lesão dolosa, mas também a lesão culposa constitui violência física, pois nenhuma distinção é feita pela lei sobre a intenção do agressor".

A violência física é o último grau da intenção do agressor, em que perpassa a moral e atinge a integridade física da mulher, com espancamento, estrangulamento, lesões com objetos cortantes, ferimentos causados por armas de fogo ou objetos cortantes e a tortura.

Já a violência sexual, além dos exemplos elencados na Lei, pode passar despercebida ou tida como algo natural do casamento, em casos em que a mulher, por exemplo, é forçada a ter relações com seu parceiro mesmo quando não consente, ou até mesmo, realizar desejos contrários ao pudor da própria mulher.

Impedir a mulher de usar contraceptivos, forçar um aborto, forçar matrimônio, gravidez ou prostituição por meio de coação, chantagem, suborno ou coação são exemplos de violência sexual praticadas contra mulher.

Quanto à violência patrimonial, podem ser listadas uma série de ocorrências que acontecem nas Varas de Família, como, por exemplo, o uso de interposta pessoa física ou jurídica para fraudar o direito à meação do cônjuge mulher, que, em regra, não detém a administração do patrimônio, desvios ou negativa de recursos financeiros essenciais à sua subsistência ou de seus filhos, uso do trabalho da mulher e retenção da quantia econômica recebida, exposição da mulher em serviços além de suas condições psicológicas, manipulação de contas bancárias etc.

Certa vez atendi uma mulher que disse: "ele quebrou meu celular e não pagava quase nada das contas mensais, além de fazer longas viagens com o meu carro, nem para pagar a manutenção ajudava".

Outro caso eu acompanhei de dissolução de união estável que pode elucidar perfeitamente o tipo de violência patrimonial. Sandra vivia em união estável com Rafael. Conviviam imprimindo à sociedade uma vontade de constituição de família. Já estavam juntos há mais de cinco anos, apesar de tempo não ser mais requisito mínimo de união, por ser um quesito subjetivo a ser avaliado pelo julgador.

---

[22] DIAS, Maria Berenice. A lei Maria da Penha na Justiça. A efetividade da Lei 11.340/2006 de combate à violência doméstica e familiar contra a mulher. São Paulo: **Revista dos Tribunais**, 2007. p. 47

Ambos residiam no interior do município e cuidavam de 45 vacas leiteiras, em que Sandra acordava diariamente as 5h da manhã para ordenhar as vacas, e logo após as 16h realizava o mesmo procedimento, enquanto Rafael plantava.

Quem mora no interior sabe que a tarefa leiteira não é fácil e, o pior, que raramente pode sair passear diante do serviço rotineiro. Ocorre que Sandra dedicava-se inteiramente ao labor leiteiro, sem contar aqui das demais tarefas domésticas (lavar, passar, cozinhar, cuidar da prole etc.) e ao final do mês quem recebia da empresa coletora do leite era Rafael que vinha para cidade todo orgulhoso com a renda mensal da família.

Resumo: Rafael não compartilhava com Sandra os valores econômicos, comandava o dinheiro, gastava com prostituição e bebidas e no lar sempre viviam com misérias, passando dificuldades, muitas vezes Sandra não tinha nem o básico como: absorventes e medicamentos.

Ao relatar esse caso, o leitor pode estar pensando, como pode uma mulher se submeter a essa situação? Isso não é amor?

Esses são exemplos práticos, diários, que existem e acontecem dentro dos lares familiares, independentemente de situação econômica, classe social ou raça e muitas vezes são omissos de amigos e a sociedade.

Todos esses casos aqui relatados são velados da sociedade e acontecem diariamente nas relações familiares.

Marcia era abusada reiteradamente em seu relacionamento ela disse em uma conversa: "tem dia que não durmo à noite e até hoje meu corpo treme quando escuto moto buzinando".

Marcia era abusada pelo ex-marido e aprendeu a se valorizar após anos de sofrimento, o primeiro passo é ter coragem para denunciar. Ela vivia na cidade, seu marido era caminhoneiro, e quando ele retornava das viagens em vez de ser uma alegria começava os maiores dilemas noturnos, pois Pedro frequentava o bar do bairro, deslocava-se de moto, e ao retornar, buzinava na frente da casa para que Marcia acordasse e o esperasse, independentemente da hora que fosse. Marcia não tinha uma noite de amor, ela era abusada, humilhada, sofria violência física, mas dependia economicamente dele e por isso não saía do lar.

E por fim, mas não menos prejudicial, a violência moral, que normalmente vem acompanhada da violência psicológica e engloba toda e qualquer conduta que configure calúnia, ou seja, acusar de algum crime, difamação ou o ato de espalhar informações inverídicas ou injúria, ou seja, reportar para a vítima algo desonroso que cause prejuízo à sua reputação.

É importante aqui antes de terminar este capítulo relatar algumas fases da violência que percebi após anos de experiência. No primeiro momento, o agressor mostra-se tenso e irritado por coisas insignificantes, chegando a ter acessos de raiva, ódio dentro do lar sem ter uma justificativa plausível, ou seja, ele se revela do nada.

Ele também humilha a vítima, faz ameaças e destrói objetos. Parece meio que inofensivo, pois muitas vezes ele pratica isso, a partir de um gatilho que pode ser: uma palavra que o desagrade, uma contrariedade, um exemplo mal colocado, uma negação de um pedido, uma fala mais severa.

A mulher fica tensa, receosa, tenta acalmar o agressor pedindo desculpas, fica aflita e evita qualquer conduta que possa "provocá-lo", pois já sabe que o conflito é iminente. A mulher retrata as seguintes situações nesses casos: tristeza, angústia, ansiedade, medo e desilusão, arrependimento, começa a bolar em sua cabeça algo para evitar contrariedades.

Em geral, nessa fase a vítima, que geralmente é mulher, tende a negar que isso está acontecendo com ela, esconde os fatos das demais pessoas e, muitas vezes, acha que fez algo de errado para justificar o comportamento violento do agressor ou que "ele teve um dia ruim no trabalho", por exemplo.

Essa tensão pode durar dias ou anos, mas como ela aumenta cada vez mais, é muito provável que a situação levará para o segundo momento.

No segundo momento, o agressor não consegue mais disfarçar e parte para o ataque, ou seja, a falta de controle chega ao limite e leva ao ato violento, que geralmente está acometido de bebidas alcoólicas. Aqui, toda a tensão acumulada na primeira fase se materializa em violência verbal, física, psicológica, moral ou patrimonial, vai depender do contexto diário.

A vítima mesmo tendo consciência de que o agressor está fora de controle e tem um poder destrutivo grande em relação à sua vida, o sentimento da mulher é de paralisia e impossibilidade de reação, sente-se fraca, menor, insuficiente perante o agressor e aí começa a vergonha, principalmente se ela é economicamente dependente.

Aqui, ela sofre de uma tensão psicológica severa (insônia, perda de peso, fadiga constante, ansiedade, depressão) e sente medo, ódio, solidão, pena de si mesma, vergonha, confusão e dor.

ENLACE & DESENLACE: ALÉM DE UMA VISÃO AMPLIADA
DA FAMÍLIA DUAS ENTREVISTAS TRANSFORMADORAS

Muitas mulheres com condições econômicas (tem um trabalho) tomam alguma decisão, como: conta para uma amiga, busca ajuda perante os familiares, denuncia, esconde-se na casa de amigos e parentes, procura um advogado e se distancia do agressor.

No caso da mulher que é dependente economicamente do companheiro, essa fase dois leva mais tempo para ocorrer, muitas vezes a mulher espera os filhos atingir a maioridade para sustentar-se e assim, a mulher se vê livre da culpa de não poder sustentar os filhos.

Depois vem o momento do arrependimento do agressor, que se torna amável para conseguir a reconciliação. A mulher se sente confusa e pressionada a manter o seu relacionamento diante da sociedade, sobretudo quando o casal tem filhos. Em outras palavras: ela abre mão de seus direitos e recursos, enquanto ele diz que "vai mudar". Aqui geralmente o advogado já protocolou a inicial e pede a extinção, porque quem tem o direito de tal ato é o cliente, por mais que o advogado oriente sobre as consequências da decisão.

Há um período relativamente calmo, em que a mulher se sente feliz por constatar os esforços e as mudanças de atitude do agressor, lembrando também os momentos bons que tiveram juntos.

A mulher é mais família, sentimentos, no fundo não quer acabar com a união. Como há a demonstração de remorso e uma possível mudança, ela se sente responsável por ele, o que estreita a relação de dependência entre vítima e agressor.

Um misto de medo, confusão, culpa e ilusão fazem parte dos sentimentos da mulher. Por fim, a tensão volta e, com ela, as agressões da primeira fase e tudo começa novamente, até que a mulher compreenda que o agressor dificilmente vai mudar. Geralmente quando os filhos são maiores, aqui existe uma compaixão deles perante a mãe e as fases terminam e o divórcio ocorre de forma definitiva.

Não posso terminar este capítulo sem alertar que: descumprimento das medidas protetivas de urgência impostas pela Lei Maria da Penha é crime, prevista no art. 24-A, que gera uma pena de detenção de três meses a dois anos. Assim, separação e divórcio não é tragédia, a maior tragédia é viver em um relacionamento infeliz.

O DIVÓRCIO E AS RELIGIÕES

Dos inúmeros casos de divórcio que já acompanhei, de diversas classes sociais e patrimoniais, geralmente fui procurada por mulheres e poucos casos que eu enfrentei foi que o cônjuge-varão veio me contratar para ajuizar o divórcio em face de sua esposa.

Muitas vezes é a mulher que toma frente da separação diante dos vários sofrimentos suportados. A mulher quando decide pela separação, já passou por todo um processo de resiliência em prol dos filhos, da família e de terceiros relacionados ao vínculo familiar. A mulher não decide separar-se de uma hora para outra, ela luta incansavelmente dentro do seio familiar para fazer renascer o amor do casal, mas muitas vezes, é vencida pelo cansaço e pela desesperança.

Fernando e a ex-mulher estavam separados judicialmente há quase 20 anos, mas ela não concordava em conceder o divórcio ao ex-cônjuge por motivos religiosos. Na realidade o ex-cônjuge havia encontrado um novo par e gostaria de casar-se novamente e para que isso se concretizasse precisava do divórcio averbado na certidão de casamento.

Já minha cliente, alegando ser religiosa, declarou que consentir com o divórcio seria o mesmo que permitir "especulações dos parentes e amigos" sobre os reais motivos do fim do casamento, como se fosse declarar a desunião de forma pública.

Quando a pessoa fica emaranhada nas condições religiosas, permanecendo em um relacionamento por medo, vergonha, ela deixa de buscar a verdadeira felicidade. Permanece em um relacionamento de aparências, pois na vida real tudo é diferente do imaginário.

Trazer à tona a verdade, muitas vezes, doí na alma. Cada um tem seu tempo e suas dores. Confirmar que houve uma ruptura e externar ao mundo é como quebrar um laço amoroso que ainda não foi dissolvido pelo coração, apenas aparentemente.

Nas civilizações antigas, por exemplo o Código de Manu admitia o repúdio à mulher caso ocorressem algumas situações, como: se a mulher fosse estéril, durante oito anos; se o filho morresse ao nascer, durante dez anos; e se, durante onze anos, só nascessem filhos do sexo feminino.

Já na Grécia, a princípio, só se admitia o divórcio por esterilidade; posteriormente, também por vontade do marido e pelo mútuo consentimento, deixando de lado todo o desejo e vontade da mulher.

Entre os Hebreus havia o repúdio nos casos de adultério, esterilidade e defloramento[23].

No Direito romano, tendo o casamento base nitidamente consensual, a sua dissolução se verificava com o simples desaparecimento da intenção de continuar como marido e mulher, ou seja, tudo dependia do grau de entendimento entre o homem e a mulher.

No Direito Canônico houve grande repulsa com o divórcio, e não era de se esperar outro posicionamento, até pela força do Cristianismo primitivo.

A parábola do Cristo: "não separe o que Deus uniu" é forte e influência até hoje muitos casais.

Sabemos que as tragédias da vida conjugal costumam povoar a senda comum. Explicando o desequilíbrio, invoca-se a incompatibilidade dos temperamentos dentro de um lar, os desencantos da vida íntima e as excessivas aflições domésticas.

Atendi vários casais com casamentos de 30, 35 anos de união que já estavam mal no relacionamento há muitos anos e não conseguiam o desenlace por crenças religiosas, por vergonha familiar ou até mesmo por manter uma fachada social.

O marido disputa companhias novas ou entretenimentos prejudiciais, ao passo que, em muitos casos, a mente feminina se abre ao império das tentações, entrando em falso rumo, prejudicando sobremaneira a sintonia do casal que lentamente vai tomando novos caminhos.

Cada religião interpreta essa passagem do livro de Mateus de uma forma, ou seja, no caso de adultério da mulher, para alguns o homem poderia pedir o divórcio, com rompimento do vínculo marital, e para outros, que o homem poderia simplesmente afastar-se dela, sem admitir o rompimento do vínculo.

Já a doutrina de São Paulo (Epistola aos Coríntios 10-11) e a de São Lucas, sendo desenvolvida em Santo Agostinho, no sentido de que o cônjuge

---

[23] Chali, Yussef Said. Divórcio e separação. 11. ed. rev. ampl. e atual. De acordo com o Código Civil de 2002. São Paulo: **Revista Tribunais**, 2005. p. 30-31.

que se afasta do outro, por motivo de adultério deste, não poderá casar-se novamente. Assim, o adultério seria causa apenas de separação de corpus e não do vínculo afetivo.

Por muitos séculos, doutores da Igreja autorizavam o divórcio em conformidade com o texto de São Mateus, como Tertuliano, mas que a tese da indissolubilidade absoluta fora defendida e proclamada nos concílios, sobretudo a partir do século VIII; e que, a partido do século XII, Graciano e Pedro Lombardo decidem que o divórcio é proibido[24].

O Concílio Tridentino (1545-1563), convocado para dar resposta oficial à reforma, condenou-se a dissolubilidade do vínculo, contando-se a controvérsia com a doutrina que se firmou em torno do Cânon VII, e permitiu-se somente a separação.

Leão XII, na encíclica *Arcanum divine*, e o Papa Pio X, na encíclica *Syllabus*, condenaram o divórcio, em nome da unidade e da indissolubilidade do matrimônio, como características essenciais do casamento, permitindo, porém, a separação de corpos.

O *Codex Juris Canonici*, de 1917, mantinha apenas o adultério, como causa de separação total e perpétua, nas condições do cânon de 1.129, completada a sua disciplina pelos cânones 1.130 e 1.131.

Na sua versão atual (Codex de 1983), a matéria (*"De separatione manente Vinculo"*) vem regulamentada a partir do cânon 1.151, anotando o padre Jesús Hortal que o adultério é reconhecido no Código como causa de separação perpétua; mas deve tratar-se de um adultério verdadeiro, formal, certo, não consentido, nem perdoado, nem compensado pelo cônjuge inocente (cânon 1.152); as causas enumeradas no cânon 1.153 – que recebeu uma redação mais genérica do que a do Código de 1917 – não dão lugar à separação perpétua, mas apenas temporária, enquanto durar a causa[25].

Com a reforma no século XV, houve um grande movimento em favor do divórcio, que foi estabelecido em vários países protestantes, ultrapassando, assim, o texto do evangelho que se referia à questão do adultério, e deu um grande leque as possiblidades como exemplo: abandono voluntário, maus-tratos, recusa ao *debitum conjugale*.

---

[24] Chali, Yussef Said. Divórcio e separação. 11. ed. rev. ampl. e atual. De acordo com o Código Civil de 2002. São Paulo: **Revista Tribunais**, 2005. p. 32.

[25] **Código de Direito Canônico**, 1983, p. 508.

Para Lutero e seus seguidores o casamento é uma instituição civil, degradado a condição exterior e mundana, como o contrato civil de casamento, admitindo assim, a dissolubilidade, contrariando a Igreja grego-ortodoxa.

Já os muçulmanos reconhecem o homem supremacia quase absoluta em relação à mulher, permitindo-lhe a repúdio, mas ensinam que o divórcio é contrário às leis de Deus, quando derivado de leviandade e meros caprichos.

O casamento no Islã é uma benção santificada, que não deve ser quebrado, exceto por razões relevantes e o marido quando deseja o divórcio precisa esperar o ciclo menstrual de três meses da esposa para comprovar que ela não está grávida.

Se a mulher estiver grávida, ele precisa acompanhar e dar subsídios pelos próximos dois anos, o que no Brasil chamamos de direitos gravídicos, o direito da mulher quando está grávida.

Os casais no Islã são instruídos a procurar salvar a instituição do casamento, por todos os meios possíveis. O divórcio não é comum, a não ser que não haja outra solução. Em outras palavras, o Islã reconhece o divórcio, mas não o encoraja[26].

A República trouxe o ideário de modernidade com a separação Igreja-Estado. Entretanto o nosso país foi formado em bases religiosas católicas. Mesmo com a laicização promovida pelo novo sistema de governo, deparamo-nos com um país fundamentado em pilares religiosos, e, diga-se de passagem, o Brasil é um dos países mais católicos do mundo.

Princípios católicos influenciaram diretamente valores ligados ao divórcio e à indissolubilidade do vínculo matrimonial. Observamos então que a sociedade republicana se mostra contraditória aos ditames da Igreja até então imposto, revelando-se um momento de grandes transformações.

Na década de 70 receber o título de divorciado manchava não só a honra e a honestidade do casal desfeito (sobretudo da mulher), mas também de toda a família. A humilhação que o casal passava, especialmente a mulher, era tanta, que muitas vezes ambos os cônjuges sofriam calados, enquanto o homem divertia-se em uniões extraconjugais chamadas de bigamia.

Nas últimas décadas do século XIX e início do século XX, observamos tanto no Brasil quanto em várias nações europeias diversas discussões sobre leis relativas ao divórcio e ao vínculo conjugal. Em países como a França,

---

[26] Disponível em: https://islamparatodos.com.br/portal/direito-ao-divorcio/ Acesso em: 10 mar. 2021.

Alemanha, Inglaterra entre outros, o conhecimento e a prática do divórcio já eram uma realidade desde fins do século XVIII.

Em 1910, com o nascimento da República, Portugal entra para o rol das nações que permitiram o divórcio com a dissolubilidade do vínculo, possibilitando novas núpcias.

Somente a separação judicial não é o suficiente para constituir novas núpcias, e sim, necessita da quebra do vínculo conjugal que ocorre somente com o divórcio.

No Brasil, isto só viria a acontecer na segunda metade do século XX[27]. Todavia em nenhuma das nações citadas a adoção do divórcio se deu de forma pacífica, em todos os países foram travadas fortes disputas e contradições para poder legalizar o divórcio.

Existem vários precedentes das câmaras cíveis que julgam matérias de Direito de Família, que salienta que a pretensão de se manter casada, por motivação religiosa, não pode obstar a decretação do divórcio, sendo esse instituto legalmente previsto no ordenamento jurídico pátrio, e é direito de cada um dos cônjuges pleitear em juízo o desfazimento do vínculo.

Ou seja, ninguém é obrigado a conviver com ninguém desde que não tenha interesse, e o direito evoluiu muito nesse quesito, permanecendo somente as crenças pessoais de cada indivíduo que muitas vezes alimentam uma fé cega e não raciocinada.

Portanto, a manifestação da vontade de um dos cônjuges, que independe de qualquer requisito, verificação de culpa ou lapso temporal, é suficiente para a dissolução do vínculo matrimonial, não restando qualquer resquício religioso na decisão de um pedido de divórcio.

Com a Proclamação da República, em 1891, ficou demarcada a separação entre Estado e Igreja, mas as alegações religiosas para impedir o divórcio ainda hoje chegam ao Judiciário, numa tentativa fadada ao insucesso, que muitas vezes refletem a necessidade de postergar uma separação do que uma tese propriamente dita.

Com a separação da Igreja-Estado na Constituição de 1891, a responsabilidade pelo registro de nascimento, casamento e óbitos passou para as mãos do Poder Civil, em que deu uma certa liberdade a sociedade.

---

[27] No governo militar de Ernesto Geisel (1974-1978) foi aprovado o projeto de divórcio com a dissolução do vínculo matrimonial, possibilitando assim novas núpcias.

A Igreja Católica, a partir da laicização com o advento da República, defendia a tese de que a falta da religião no Estado conduziria o país à anarquia e ao caos, desorientando as famílias que são o centro da sociedade.

Com a emenda n. 66/2010, foi eliminada qualquer exigência de prazo para a requisição do divórcio, muitos operadores do Direito desconhecem a Lei do Divórcio Direto, e acabam conturbando a relação processual.

A respeito do tema segue alguns julgados do Tribunal de Justiça de Santa Catarina:

> APELAÇÃO CÍVEL. AÇÃO DE DIVÓRCIO DIRETO. CITAÇÃO POR EDITAL. VALIDADE. MÉRITO. DIREITO POTESTATIVO. PROCEDÊNCIA DO PEDIDO. Esgotadas as possibilidades de localização da virago para a citação pessoal, não há falar em nulidade da citação editalícia, vez que observados todos os requisitos legais, sendo-lhe nomeada curadora especial, que atuou na defesa dos seus direitos. Outrossim, em se tratando o divórcio de um direito potestativo, que não admite contestação, dependendo da vontade exclusiva de uma das partes, nenhum óbice ao deferimento do pedido. PRELIMINAR DESACOLHIDA E APELO DESPROVIDO. (Apelação Cível Nº 70062532460, Sétima Câmara Cível, Tribunal de Justiça do RS, Relator: Sandra Brisolara Medeiros, Julgado em 27 maio 2015, grifou-se).

> APELAÇÃO CÍVEL. AÇÃO DE DIVÓRCIO DIRETO LITIGIOSO. DIREITO POTESTATIVO. PROCEDÊNCIA DO PEDIDO. ADEQUAÇÃO. HONORÁRIOS AO DEFENSOR DATIVO. MAJORAÇÃO. Com o advento da Emenda Constitucional nº 66/2010, que alterou a redação do artigo 226, §6º, da Constituição Federal, o divórcio passou a ser direito potestativo, desvinculado de qualquer prazo ou condição. Assim, o pedido de divórcio não admite contestação e depende apenas da vontade de uma das partes, razão pela qual nenhum reparo merece a sentença no ponto. [...] DERAM PARCIAL PROVIMENTO. (Apelação Cível Nº 70067826149, Oitava Câmara Cível, Tribunal de Justiça do RS, Relator: Rui Portanova, Julgado em 03 mar. 2016).

> APELAÇÃO CÍVEL. AÇÃO DE DIVÓRCIO CONSENSUAL. CONVERSÃO PARA LITIGIOSO. Formado o litígio durante o processo de divórcio inicialmente proposto de forma consensual, a demanda deve prosseguir. O consenso não é condição de formação ou de prosseguibilidade da ação de divórcio, ainda que a lei preveja audiência de ratificação

da vontade das partes. Trata-se de direito potestativo e que, por isso, não depende da concordância da parte contraria ou mesmo de qualquer contraprestação sua. DERAM PROVIMENTO. (Apelação Cível Nº 70062412960, Oitava Câmara Cível, Tribunal de Justiça do RS, Relator: Alzir Felippe Schmitz, Julgado em 12 fev. 2015).

APELAÇÃO CÍVEL. CONVERSÃO DA SEPARAÇÃO JUDICIAL EM DIVÓRCIO. ALEGAÇÃO DE IMPEDIMENTO DA CONVERSÃO POR RESPEITO ÀS CONVENÇÕES DA IGREJA CATÓLICA. OFENSA DO DIREITO FUNDAMENTAL DE CRENÇA RELIGIOSA. NÃO SE APLICA. DIREITO POTESTATIVO. RECURSO DESPROVIDO. 1. A Emenda 66/2010, que alterou o § 6º do artigo 226 da Constituição da República reconhece como direito potestativo de qualquer dos cônjuges, a dissolução da sociedade conjugal pelo divórcio. Portanto, a manifestação da vontade, que independe de qualquer requisito, verificação de culpa ou lapso temporal é suficiente para a dissolução do vínculo conjugal. 2. Incabível a alegação de que a decretação do divórcio ofende direito fundamental de crença religiosa. O Estado laico ou secular, ao permanecer neutro e imparcial no que tange aos temas religiosos, favorece a boa convivência entre os credos e as religiões, através de leis que combatam o preconceito e a discriminação, preservando a liberdade de cada indivíduo, de modo a garantir a imparcialidade dos organismos estatais frente às disputas judiciais. 3. Recurso conhecido e improvido. (TJDF. Apelação Cível n. 20150110230688, rel. Desa. Leila Arlanch, j. 25.11.2015).

ESTADO DE SANTA CATARINA TRIBUNAL DE JUSTIÇA ESTADO DE SANTA CATARINA TRIBUNAL DE JUSTIÇA Agravo de Instrumento n. 4003699-87.2020.8.24.0000, de Camboriú Relator: Des. Álvaro Luiz Pereira de Andrade AGRAVO DE INSTRUMENTO. AÇÃO DE CONVERSÃO DE SEPARAÇÃO EM DIVÓRCIO. INTERLOCUTÓRIO QUE INDEFERIU O PEDIDO DE DECRETAÇÃO DO DIVÓRCIO. INSURGÊNCIA DO REQUERENTE. COMPROVAÇÃO DO VÍNCULO MATRIMONIAL. JUNTADA DE CERTIDÃO DE CASAMENTO. PARTES SEPARADAS HÁ APROXIMADAMENTE 10 ANOS, SEM NENHUM VÍNCULO. PRESSUPOSTOS DA ANTECIPAÇÃO DOS EFEITOS DA TUTELA PRETENDIDA CARACTERIZADOS. DECISÃO INTERLOCUTÓRIA REFORMADA. DIVÓRCIO DECRETADO. "AGRAVO DE INSTRUMENTO.

AÇÃO DE DIVÓRCIO C/C GUARDA, ALIMENTOS E VISI-
TAS. INTERLOCUTÓRIO QUE INDEFERIU O PEDIDO
DE DECRETAÇÃO DO DIVÓRCIO INITIO LITIS. INSUR-
GÊNCIA DO ACIONANTE. DIREITO POTESTATIVO
QUE PODE SER EXERCIDO A QUALQUER TEMPO E
INDEPENDENTEMENTE DA VONTADE DO CON-
SORTE. COMPROVAÇÃO DO VÍNCULO MATRIMONIAL.
JUNTADA DE CERTIDÃO DE CASAMENTO. PROVA
DOCUMENTAL SUFICIENTE. TUTELA DE EVIDÊNCIA
CARACTERIZADA. URGÊNCIA TAMBÉM PRESENTE
NO CASO CONCRETO. AGRAVANTE QUE PRETENDE
FORMALIZAR JURIDICAMENTE NOVO RELACIONA-
MENTO E CONSTITUIR NOVA EMPRESA PARA LABO-
RAR. FUNGIBILIDADE DAS TUTELAS PROVISÓRIAS.
PRESSUPOSTOS DA ANTECIPAÇÃO DOS EFEITOS DA
TUTELA PRETENDIDA CARACTERIZADOS. DECISÃO
INTERLOCUTÓRIA REFORMADA. DIVÓRCIO DECRE-
TADO. RECURSO CONHECIDO E PROVIDO" (TJSC,
Agravo de Instrumento n. 4022127-54.2019.8.24.0000, de
Jaraguá do Sul, rel. Jorge Luís Costa Beber, Segunda Câmara
de Direito Civil, j. 26-09-2019). RECURSO CONHECIDO
E PROVIDO. V (TJSC, Agravo de Instrumento n. 4003699-
87.2020.8.24.0000, de Camboriú, rel. Álvaro Luiz Pereira de
Andrade, Sétima Câmara de Direito Civil, j. 01 out. 2020).

Importante também registrar aqui que existe diferença nos efeitos do
divórcio e da separação. Quando o casal deixa de viver junto como marido
e mulher sem recorrer ao judiciário, diz que o casal está separado de fato.
A simples separação de fato não quebra o vínculo jurídico do matrimônio
e as suas consequências.

Logo que foi promulgada a Lei do Divórcio 6.515/77, a Igreja fazia
de tudo para que o casal não destruísse o vínculo da união, pois o casamento era visto como uma instituição sagrada, portanto, antes de ocorrer
o divórcio o casal precisava passar pela separação, vai que nesse interregno
o casal desistisse do divórcio.

Naquela época o casal separava-se judicialmente e precisava aguardar
um prazo (três anos) para pedir o divórcio.

Com a Constituição de 88, institui-se o divórcio direto, que não era
tão direto assim. O casal precisava comprovar que estava dois anos separado
de fato, ou seja, cada um vivendo em sua casa, para posteriormente, poder
ajuizar nova demanda requerendo a homologação do divórcio.

Finalmente, no ano de 2010, com a emenda 66, ficou eliminada a necessidade da separação de fato por dois anos, permitindo que o divórcio fosse feito diretamente, sem nenhum requisito anterior, e o melhor, sem atribuir a culpa para nenhum dos cônjuges, nascendo assim, o divórcio direto.

Portanto, em um dia tem casamento, noutro dia pode ocorrer o divórcio, rompendo-se o vínculo conjugal, e podendo se casar no civil novamente, desde que, exista a averbação na certidão de casamento.

O casal que ainda não perfectibilizou a separação dos bens, pode se casar desde que sigam o regime legal previsto no Código Civil, ou seja, separação total de bens. Portanto, de forma geral, tanto a separação judicial como o divórcio são causas terminativas da sociedade conjugal, conforme o art. 1.571 do Código Civil.

A grande diferença entre os institutos é que na separação judicial ocorre a dissolução da união e o casal não precisa mais manter os deveres do casamento, como coabitação, fidelidade recíproca, respeito mútuo.

Já o divórcio, além de compreender a dissolução quebra com o vínculo matrimonial, deixando livre os cônjuges para novos enlaces.

12

EXISTE LUZ NO FIM DO TÚNEL

Uma visão mais humana, um olhar sistêmico e integrativo dos que estão vivenciando esse luto emocional pode ajudar as famílias juntar os cacos após uma separação e deixar mais leve o tramite e o pós-divórcio. Construir um bom divórcio não é tarefa fácil. Todos precisam colaborar para se chegar em um meio termo. Exige muita maturidade do casal e do profissional que irá acompanhar o procedimento.

Um bom acordo começa com um bom profissional aberto para conversar, mediar, porque muitas vezes o casal ainda não está preparado para o desenlace e sim, está passando por uma maré difícil e com uma boa conversa pode ter mais uma chance.

A construção do acordo depende também de que as partes estejam prontas e maduras para compreender que até ali fizeram tudo para manter a família, e precisam assumir a mea-culpa e ter disposição para ceder e ânimo para lutar por dias melhores.

O novo é assustador, mas traz em si um frescor revigorante.

Dentro do divórcio existe um crescimento estupendo, se o casal souber olhar de forma consciente para seus erros e assumir cada qual a sua culpa pelo término.

O operador do Direito do século XXI pode fazer muito mais do que aplicar a legislação familiar nos casos concretos, e muitas vezes, por falta de opções e entendimento, deixar que o juiz decida a relação das partes. Tudo vai depender para onde o advogado e as partes estão olhando.

Se o advogado está olhando para o cliente no sentido de sua liberação para um futuro harmônico, feliz e construtivo, a energia dos trabalhos seguirá um caminho, agora, se o profissional está olhado só para seu ganho financeiro, ou ainda, tem uma terceira corrente, o profissional está emaranhado com as partes, pois suas próprias questões internas estão sendo "olhadas" pelo processo, tudo isso vai pesar no bom divórcio.

Nos últimos dois casos descritos, o operador do Direito vai fazer de tudo para postergar o processo, coletar provas, não vai facilitar os acordos, insiste no juiz como o único arbitro da solução, o caso não prospera, encontram-se travas no meio do caminho, por questões sistêmicas e familiares. Ou até a própria parte, não quer fazer acordo, por querer ficar no imóvel do casal, como uma forma inconsciente de apego às lembranças do passado.

A cultura de paz entre os profissionais vem aumentando com o passar do tempo, pois vários estão entrando nessa nova sistemática, mas não é raro encontrar pelos corredores dos fóruns egocentrismo e autoritarismo que alimentam o conflito ao invés de dissolvê-lo.

Profissionais que agem como se fossem os salvadores da pátria, embalando o conflito e se colocando como o único a solucionar o problema, dizendo: "pode deixar comigo, eu resolvo tudo, isso é pesado demais.".

Resolver plenamente os conflitos, antecipar soluções, afastar situações que corroem ainda mais a situação familiar, é uma das ferramentas que tanto o Judiciário, quanto o profissional que conduzirá o processo de separação podem empregar de forma curativa nos processos familiares.

A transformação da postura do advogado, o olhar amplo e sistêmico, faz gerar novas possibilidades de resolução de conflito e o profissional do Direito é peça chave para que isso esteja fazendo uma mudança cultural na sociedade.

A mediação de questões familiares é outra ferramenta do Poder Judiciário que vem ganhando espaço ao longo dos últimos anos, mesmo antes da inserção da Lei de Mediação e da sua inclusão no Código de Processo Civil, por ser um método que garante mais sustentabilidade ao acordo firmado pelos envolvidos, assim como, por ser um recurso que estimula o diálogo entre as partes, fazendo a aproximação novamente do casal.

As audiências de mediação familiar são uma verdadeira benção aos casais que muitas vezes estão alguns meses sem se falar, oportunizando de forma procedimental e formal uma conversa civilizada para buscar pacificar os conflitos familiares.

Ao sair de casa, o cônjuge sai dilacerado e muitas vezes já nem conversa mais com o companheiro, evita mensagens para não piorar ainda mais a situação, e nesse meio tempo quem sai prejudicado são os filhos do casal e a possibilidade de realizar uma boa separação cai por terra.

A mediação familiar se mostra relevante quando consideramos que as relações envolvidas são relações continuadas, que serão mantidas ainda que o diálogo seja difícil ou tormentoso. Um bom mediador seguirá as técnicas de mediação para poder aproximar o casal e realizar uma tentativa de acordo judicial.

A continuação do processo pode ser acalentada com uma conversa, com um novo rumo, um novo olhar, especialmente nas famílias mais carentes que muitas vezes não tem oportunidade de um auxílio, do acompanhamento terapêutico e psicológico, não conseguindo expressar suas emoções.

Outro ponto a ser considerado é que o estímulo e o fomento a comunicação e a negociação entre os participantes permite a redução do conflito e facilita futuras negociações.

Em um contexto familiar, não é nada difícil imaginar que outras questões surjam e precisem ser avaliadas, conversadas e negociadas entre os mediandos, como é o caso da guarda dos filhos, visitas e a divisão patrimonial.

Quem são as melhores pessoas para resolver o conflito? O próprio casal. Eles que sabem as dores, que vivenciaram os conflitos e tem as melhores opções, o que o mediador e o advogado faz é aclarar, conduzir, aproximar, mediar.

Para além dos pontos já suscitados, a manutenção de uma conversa amistosa, de um diálogo civilizado e respeitoso, gera um padrão de convivência com menos sofrimento para os próprios personagens em conflito, como para todos os demais familiares que, invariavelmente, são afetados e envolvidos no litígio.

Por que aquele casal chegou no momento da ruptura? O que há por trás desse momento conflituoso? O que realmente o casal precisa? O que está influenciando as atitudes daquele cônjuge? O que não está sendo visto, que possa melhorar? Essas perguntas não mais são só questionamentos realizados por terapeutas, psicólogos, mas sim, pelo operador do Direito do século XXI, aberto ao lado humano das partes.

O Direito sistêmico veio inovar, ao empregar uma base sistêmica em todos os pontos da relação, pois os seres humanos estão emaranhados no todo coletivo e muitos conflitos sofrem influências externas e internas de forma inconsciente e fenomenológica.

Imagine que dentro de um processo a disputa é acirrada, é como um cabo de guerra, uma parte gera tensão puxando a corda, a outra imediatamente puxa com mais força para se defender, e nesse meio tempo, vão gerando mentiras, construções de teses, inverdades, tudo para derrubar o outro. Esse é o processo em que um ganha e o outro perde.

As lealdades invisíveis unem todos os membros da família, afetam gerações passadas em dinâmicas conscientes e inconscientes, em dinâmicas que envolvem comprometimentos e objetivos, que conduzem os participantes daquele clã.

Reconhecer junto aquilo que desejam obter, reconhecer que o outro também tem direito faz com que ambos procurem uma solução conjunta, e não um movimento de ataque.

Esse é o processo ganha e ganha. Quem disse que ganhar significa de fato ganhar? Muitas vezes se ganha um processo, mas dias após precisa-se entrar com uma execução para fazer cumprir aquilo que se havia ganhado, isso é estatisticamente comprovado. Reiteradas vezes se fixa o valor da pensão alimentícia e passados três meses precisa-se ajuizar outra demanda – ação de execução de alimentos, pedindo, inclusive, prisão, porque o genitor responsável não cumpriu com seu dever.

Isso é ganho de processo? As próprias partes são donas das soluções mais suscetíveis ao sucesso.

Como exemplo, fui causídica em uma demanda de separação litigiosa, desde o primeiro momento eu havia entrado naquela demanda para mediar as partes, ocorre que a outra parte tinha constituído um advogado que mais olhava para seu lado financeiro do que para a felicidade do casal.

A ação era milionária, os honorários seriam vultuosos, caso fosse realizado de forma litigiosa, com instrução, testemunhas, provas periciais etc., mas por meio de uma visão sistêmica compreendi desde o início que o casal em si não queria brigar, ele simplesmente queria dissolver a união desgastada e preservar a boa relação com os filhos.

No momento que conversei com meu cliente já demonstrei a estratégia e uma forma dinâmica de acordo, o que de pronto combinava com a intenção dele, pois no fundo existia um amor, uma cumplicidade por aquela ex-cônjuge.

Por dois anos tentamos apresentar propostas e todas batiam na trave, não porque a outra parte não aceitava, mas porque o outro advogado gerava reiteradamente empecilhos para fugir da conciliação pensando em seu próprio ganho financeiro.

Resumo: ganhamos o processo, muito além do que merecíamos e nós sabíamos. A sentença foi clara e justa com a documentação trazida nos autos, mas não representava a realidade das partes. A outra parte protocolou um recurso, forçamos novamente o acordo, e mesmo assim, nada de pacificar.

Foi quando, sabendo que a sentença havia sido mais favorável para nós, propusemos um último acordo e eles concordaram.

Resumo dois: demoramos mais de dois anos litigando para chegar na proposta justa que eu havia proposto no início do processo.

Nesse meio tempo, pai se ausenta da vida dos filhos, dores novas surgiram, raiva, ressentimentos e muita angústia processual. Diante disso, percebe-se que o conflito é das partes e ponto final. O advogado precisa acolher, intermediar e não adentar no conflito sentindo-se uma parte, emaranhando-se com o que traz consigo, tentando resolver problemas internos, curar suas questões pessoais.

O operador do Direito pode até facilitar essa ponte conciliatória, mas são as partes que geraram o conflito que vão achar a melhor solução. Muitas vezes nós advogados sentimos que estamos emaranhados em um conflito que em tese não é nosso, mas no fundo nos envolveu em algo e aí, chega a hora de se retirar, sair de cena, repassar substabelecimento para um colega, para não prejudicar o andamento normal do processo.

Nos conflitos complexos, se não houver uma visão sistêmica, todo o esforço da estrutura judiciária será paliativo.

As Constelações familiares foram criadas pelo alemão Bert Hellinger, psicanalista, filósofo, teólogo e pedagogo. Ele percebeu que três leis ou ordens regem os sistemas, são elas: pertencimento, hierarquia e equilíbrio.

O pertencimento mostra que nenhum membro da família pode ser excluído, ou seja, todos têm o direito de pertencer a determinado grupo familiar, um exemplo grave de rompimento a essa lei é a alienação parental, pois por mais que um genitor (o não guardião) não permanece frequentemente com o filho, ele tem o direito de pertencer àquele núcleo familiar agora parental.

Assim, todos devem saber da existência de cada um, honrando e respeitando o seu lugar na grade familiar. Olhar com amor a alma de cada integrante familiar faz renascer uma nova esperança na vida parental.

O sistema sempre vai buscar de forma inconsciente incluir o excluído, portanto, as consequências dessa quebra na ordem são graves e desastrosas, tanto para quem está vivenciando, como para as gerações futuras.

A hierarquia diz respeito à ordem cronológica, ou seja, aquele que veio antes precede no grupo familiar, portanto, a troca desses lugares gera desconforto e emaranhamento familiar. Um exemplo é o caso de uma separação de um casal, em que um cônjuge se casa novamente, desrespeitando o lugar do primeiro parceiro, gerando intrigas e mal-estar na segunda família.

A segunda esposa sempre deverá honrar a primeira, pois em decorrência daquele insucesso nasceu essa nova possibilidade familiar.

Outro exemplo, verificamos, quando os filhos tomam o lugar dos pais, desarmonizando toda relação familiar.

A última lei natural é o equilíbrio entre o dar e o receber nas relações. Cumpre ressaltar que esse dar e receber não é só de bens materiais e sim, de atenção, afeto, respeito, tolerância, compreensão, inclusão.

Quando um casal se une, marido e mulher escolhem seus parceiros, mas não se resume em uma relação a dois, como acostumamos ver. A relação familiar é muito mais ampla, é um sistema completo. Casa-se com o homem ou uma mulher, e se diz sim para todos os integrantes familiares que vieram antes, como exemplo, pais, avós, avôs, bisavós.

Quando o profissional está aberto a essa dinâmica da constelação familiar, rapidamente nas primeiras reuniões já se percebe a lei que está violada, podendo inclusive dar mais tempo de vida ao casamento e até mesmo reestruturar aquela relação evitando o divórcio, quando cada um volta a ocupar o seu lugar.

Dar chances aos integrantes das famílias, compreender os reais motivos dos aborrecimentos internos, elevando a capacidade de percepção, reencontrando os papéis de cada um, reintegrando o seio familiar pode ser a chave de uma relação mais madura, fortalecida e integral.

Uma nova chance, um novo olhar.

Todos os casos de alienação parental, separação, guarda, visitas, divórcio, são muito beneficiados com essa técnica, o que envolve isso tudo é um despertar dos integrantes da família, principalmente daquele cônjuge que está eivado de conflitos internos, vícios, sombras, que por um descuido emocional e pessoal, deixou surgiu problemas que poderiam ser evitados com uma melhor compreensão pessoal.

Todo filho tem uma parte do pai e da mãe, quando é negado esse convívio para nutrir o amor que existe entre ambos, começam ocorrem distúrbios emocionais nos menores que poderá influenciar na vida adulta e nas próximas gerações.

Ninguém ignora um integrante da família por acaso, muitas vezes o genitor alienante foi excluído quando pequeno, ou sofreu violência, portanto, o magistrado precisa ter essa visão, pois somente sanções, multas, liminares, não resolverá o problema na base primitiva, continuando ocorrer padrões repetitivos.

Isso tudo é um novo olhar, pois o jeito antigo de resolver conflitos ainda vai continuar por muito tempo, e precisamos ainda do sistema tradicional, pois, ainda não estamos prontos para esse novo olhar. Mas, com o passar dos tempos o ser humano vai se amoldando a novos pensares, novas formas de relacionamentos.

Um exemplo de uma constelação realizada, em um processo de divórcio, no qual a esposa não queria a aproximação de seu filho de 2 anos com o pai, em virtude de que ele havia traído. Aberta à dinâmica, percebeu-se que aquela esposa sentia muita dor pela perda precoce do pai e sentiu-se abandonada, projetando esse abandono no esposo, o que refletia na forma que agia em relação ao convívio com o filho. Após essa descoberta o processo teve seu fim de forma pacífica e com respeito, dando vida fraternal a essa família.

Então, vejo que, aos poucos, existem algumas barreiras que vão caindo, alguns paradigmas que vão sendo dissolvidos. Novos olhares, nova leva de bacharéis estão vindo, com olhares novos, amplos, sistêmicos.

Muitas vezes precisamos quebrar os muros que impedem uma conciliação para depois construir pontes que anelam sistemas antes não considerados. Cada parte tem seu tempo.

Lembro-me de um dia em que tentei colocar esse olhar sistêmico em uma audiência criminal. Não tive sucesso, pois minha cliente não estava preparada para realizar esse movimento olhando para a vítima. Simplesmente, deixei, e no dia seguinte ela procurou fazer a constelação sozinha e conseguiu olhar para aquele movimento que eu havia despertado nela.

Então, respeitar a parte, o tempo dela, é fundamental. Compreender as pessoas e os profissionais é o melhor meio, tudo deve acontecer devagar e cuidadosamente. A constelação fala por si mesmo, mais cedo ou mais tarde, a pessoa envolvida compreende a mensagem. Nunca devemos controlar o sistema, ele fala por si só. Precisamos confiar no movimento do próprio campo para evitar influenciar as pessoas. Às vezes acreditamos que não tem luz no fim do túnel, na realidade a luz e o caminho está dentro de nós.

O autoamor é um grande meio para se fazer germinar a grande fonte viva dentro de cada um de nós. Buscar florescer o nosso jardim é o primeiro meio para se buscar a tão sonhada felicidade. Antes de buscar o "nós", precisamos buscar o "eu" que está muitas vezes sufocado.

A grande maioria das pessoas têm várias decepções durante a jornada da vida, o que as tornou frias, calculistas e incrédulas, não acreditam em um novo amanhã, vivem reprimidas, cheias de mágoas interiores e rancores que calcificam no coração, afastando as oportunidades de viver a plenitude da vida. Agem de forma arrogante ao novo, tentando justificar o injustificável.

Toda mudança gera controvérsias, estresse, pois mudar o que sempre se fez é algo novo e faz com que as pessoas precisam fazer o movimento da cura. Olhar para dentro e não ter vergonha dos erros, das decisões incalculadas, dos tropeços, aceitar que o ser humano é imperfeito e ter coragem para assumir a culpa.

Quando o nosso copo está cheio nada adentra, nada contribui, pois já está cheio, saturado de conhecimento. O perfeito nunca evolui, somente o imperfeito tem espaço para novos olhares e entendimentos. Precisamos esvaziarmos de nossa arrogância, de nossa prepotência, para deixar entrar o novo, senão ele não tem espaço em nós e vai embora.

Nenhum divórcio pode ser olhado como o fim do mundo. Ele traz dores e traumas, mas pode ser contornado, basta sentir o amor genuíno dentro de si. Todo o obstáculo vai ser contornado, não existe fórmula pronta.

As pessoas, embora tristes com a ocorrência da separação, encontram-se amadurecidas para futuras uniões, sem os erros da experiência encerrada. Com o tempo nasce um sentimento de gratidão pelo parceiro gentil – masculino ou feminino – que soube preservar a amizade, embora o insucesso da relação afetiva.

Assim, devem ser os comportamentos maduros de pessoas que anelam pela felicidade, sem a participação do egoísmo e seus derivados.

Podemos ser água, que contorna as pedras de um rio, só assim evoluímos. Agora se optarmos em ser pedra rígida, permaneceremos rústicos, sem se lapidar. O diamante só brilha depois de bem lapidado.

Buscar as soluções pacíficas para resolver os conflitos familiares é uma boa alternativa, se o casal pensa em no futuro manter uma amizade, em nome dos filhos.

Dessa forma, a sociedade redescobre que o amor pode e deve ser livre e não libertino e que as criaturas podem e devem unir-se por meio dos vínculos, respeitando as leis constituídas, porém com direito de separa-se livremente, sem que as uniões sejam para toda existência, o que viola de imediato o direito de felicidade, tendo em vista os processos de crescimento moral, espiritual e intelectual.

SEGUNDA PARTE

Toda separação gera para as partes, dores emocionais, incertezas quanto ao futuro e por que não dizer um certo medo.

Em decorrência da separação podemos citar algumas das questões geralmente trabalhadas no processo com o cliente como: entender os fatos que originaram o pedido de divórcio; fazer uma cronologia dos fatos; das dificuldades, do que as partes buscam com o processo; de como era a vida em comum antes do pedido; de como é a vida dos filhos, e posteriormente, aplicar a lei ao caso concreto da melhor forma.

Todo e qualquer relacionamento é recheado de fases melhores e piores. Nas difíceis, é preciso que, progressivamente, cada uma das partes desenvolva maior capacidade da percepção global do relacionamento e, principalmente, se disponha a rever e reajustar a própria atuação na relação.

Isso é saudável e bom para ambos, aquilo não é saudável, magoa com frequência, caso contrário, o relacionamento se desgastará e insatisfação e mágoas se tornarão prevalentes, tornando insuportável o convívio do casal.

Uma das formas de fazer essa revisão ou reajuste é buscando a terapia seja de casal ou individual, por meio de um profissional qualificado que poderá auxiliar o processo de separação ou talvez até reatar aquele amor que existia entre o casal.

As psicoterapias são um grande presente que o casal pode se dar. Por meio de um terceiro, neutro na relação, pode ser despertada a única chama que ainda poderá esquentar novamente aquela união. Dizer sim às terapias é um grande passo para manter a união conjugal.

Realmente, não é possível ter uma família perfeita num planeta de provas e expiações, porém é possível nos aperfeiçoarmos sempre, diariamente, para fugir do comodismo. É possível sim, transformar nossas relações familiares, é claro que tudo isso nos convida a realizar esforços, a nos dedicarmos a uma boa utilização do tempo de convivência. Queremos os benefícios de uma família feliz, saudável, mas sem investimentos diários não será possível alcançar o desejo.

ENTREVISTA COM A PSICÓLOGA JOCIMARA BERNARDI

Com base nisso, realizamos uma entrevista com a Psicóloga Jocimara Bernardi (graduada em Psicologia e Enfermagem, especialista em Saúde coletiva e Acupuntura), de Campo Erê, SC, em que ela vai trazer para nós uma ideia das dificuldades encontradas no término de uma relação e nas consequências suportadas pelo casal e filhos, diante da sua experiência como profissional.

1. De forma geral, por que as relações familiares se desfazem?

Para que um casamento atinja sua plenitude, o casal precisa trabalhar contra as adversidades e aceitar as diferenças. Além disso, deve respeitar um ao outro, comprometer-se com a relação e ter boa comunicação.

Nesse sentido, podemos citar alguns motivos principais que levam ao término dos relacionamentos, o egoísmo é um deles. Há pessoas que acreditam estar sempre certas em tudo o que fazem, não cedem para que o outro possa tomar decisões, ou opinar.

O cônjuge egoísta pode considerar seu parceiro incapaz, afetando sua autoestima, sua confiança e segurança, levando-o a dificuldades emocionais. Não ter flexibilidade e empatia leva a falta de atenção, falta de demonstrações de afeto, pouca intimidade, e a não valorização do outro. Tudo isso gera muitos conflitos, discussões e incapacidade de saber como superar a fase difícil. Muitos casais vão acabar optando pelo distanciamento e consequentemente a separação.

O ciúme obsessivo, desenvolvido por pessoas muito inseguras e pouco confiantes de si mesmo, também pode ser uma das razões pelas quais se decide terminar um relacionamento.

O ciúme deixa fluir carências afetivas ou medos internos e camuflados, que prejudicam seriamente o cônjuge e a relação. Infelizmente, muitas pessoas deixam passar anos de violência psicológica e física, até perceberem que o ciúme não é uma demonstração de amor.

Relações extraconjugais, a infidelidade, que geralmente vem acompanhada de outros comportamentos, como mentiras e abandono, levam o casal a tomar a decisão de romper o relacionamento.

Ser vítima de traição pode ser considerada uma das experiências mais dolorosas e terríveis de ser vivenciada. Não apenas sonhos e expectativas são destruídos, mas, esse tipo de conduta carrega consigo muitas consequências, tanto físicas quanto emocionais, para a vítima. Toda família acaba sofrendo também.

Estudos apontam que ser traído pode ter efeitos negativos como depressão, ansiedade, abuso de drogas ou álcool e distúrbios alimentares. Entre os efeitos psicológicos, apresenta-se também o sentimento de culpa por ter sido traído(a).

Por diversos motivos as relações são desfeitas, mas principalmente quando está já não contribuí para as pessoas envolvidas, quando não agrega mais nada, quando não tem significado nenhum manter a mesma, quando não proporciona mais bem-estar ou qualidade de vida para os envolvidos.

Uma relação deve ser uma via de mão dupla, para ser saudável precisa fazer bem para ambas as partes, quando apenas um cede, quando apenas um abre mão de escolhas próprias, quando apenas um aceita tudo e nada contesta é evidente um desequilíbrio. Faz-se necessário, o amor a compreensão, o respeito, a cumplicidade, o diálogo, a flexibilidade, a tolerância e o cuidado mútuo para que os relacionamentos sejam duradouros.

2. Por que muitas das dores sentidas pelas partes poderiam ter sido evitadas no seu ponto de vista?

Mesmo o relacionamento mais complicado é difícil de terminar. Todos ou a grande maioria, querem ser sábios e pacientes para preservar o pouco de amor e sentimentos que ainda podem restar.

A dependência emocional faz com que o processo seja lento e complicado, mas, às vezes a separação é a única decisão correta a ser tomada e a dor neste caso é inevitável.

Quando existe um rompimento na relação, o sofrimento é inerente, ou seja, vai existir, pois mesmo quando a relação não é saudável e funcional, existe afeto e finalizar esse ciclo trará consequências dolorosas.

Todavia, ao primeiro sinal de que as coisas não vão bem no relacionamento, seria importante a busca por ajuda especializada, para que cada um possa elaborar suas questões pessoais que envolvam a dinâmica da relação, minimizando e ressignificando dores para então encontrar a melhor alternativa seja de continuidade ou de separação.

A forma mais simples e coerente de se evitar conflitos nas relações é cada um estar de bem consigo mesmo. Uma relação saudável é constituída por pessoas seguras e bem resolvidas, surge aí a importância e a responsabilidade que devemos ter com o autoconhecimento e autocuidado.

Quando estamos bem com nós mesmos encontramos no outro a possiblidade de compartilhar, somar, e não o compromisso de suprir carências afetivas que podem sufocar o parceiro.

Ao perceber que não é mais possível resolver os pequenos impasses apenas entre o casal, e que as tentativas de manter o relacionamento estão prestes a se esgotar, pode ser o momento de optar pela terapia de casal, além disso, a terapia pode ser feita de forma preventiva, antes dos conflitos começarem a surgir, ou pelo simples fato de o casal desejar conhecer mais a si e ao outro, para que a relação siga saudável e equilibrada.

3. Quais são as principais vantagens para as partes que estão vivenciando o divórcio terem o acompanhamento de um psicólogo?

Nem sempre o divórcio deve ser visto como algo ruim, mas como uma forma de aprendizado constante.

O acompanhamento psicológico durante este processo pode ser útil para a família, ele busca amenizar as dificuldades enfrentadas e fortalecer os envolvidos para que possam seguir confiantes da melhor escolha e novo estilo de vida.

A intervenção de um profissional de psicologia ajuda a manter os ânimos mais calmos e as negociações mais fáceis, principalmente quando as necessidads dos filhos estão envolvidas, neste acompanhamento, o diálogo é conduzido de uma forma mais respeitável e amena, sem acusações e agressões, as orientações trazem o entendimento de como os pais podem proceder com os filhos para minimizar os impactos da separação sobre eles, tornando todo o processo mais saudável.

Realizar psicoterapia durante o divórcio é importante, pois terá o acolhimento de todas as demandas trazidas pela pessoa, compreendendo a relação, conseguindo se autoconhecer, conhecendo a história de vida da pessoa e de sua família, visualizar a sua porcentagem de responsabilidade pela relação e pelas outras relações futuras.

Pode ser trabalhado também os padrões familiares, as escolhas conjugais, visando sempre o bem-estar da pessoa.

4. Durante o processo de divórcio, o casal e a criança, ou as crianças, passam por uma avalanche de sentimentos que podem influenciar e determinar o poder de negociação ou mediação, tanto no aspecto de aceleração do processo, para aliviar a ansiedade, quanto

à necessidade de livrar as pressões psicológicas. Com base nisso, seria possível minimizar as dores emocionais se o casal tivesse procurado um terapeuta antes do final do casamento?

Optar pelo divórcio não é uma escolha fácil, no entanto, se preparar para o divórcio é uma atitude de maturidade, procurar apoio especializado pode contribuir muito.

Normalmente o fim de um casamento provoca em toda a família várias emoções, que vão desde tristeza, raiva, medo e até a sensação de abandono e de perda. Essas emoções podem atingir as pessoas envolvidas em qualquer fase da separação, com o passar do tempo irão perdendo a intensidade e com acompanhamento psicológico é possível direcionar de uma forma mais leve todas as consequências de um processo de separação tanto para os pais tanto para os filhos.

É bastante difícil para os filhos (sejam crianças ou adultos), verem os pais se separando, mas eles se recuperam mais rápido do que quando vivenciam e se envolvem nos conflitos do casal. Cabe ao casal deixar os filhos fora destes conflitos principalmente os que envolvem o divórcio.

Sistemicamente falando, "casais se separam, pais não", desta forma, a relação conjugal pode acabar, porém, a relação parental é vínculo eterno. Os genitores precisam olhar para a mesma direção, tendo um objetivo comum quando se refere aos filhos. Espera-se que consigam mesmo separados zelar pelos seus filhos, o que inclui afeto, segurança e bem-estar.

Quando ainda crianças a alienação parental pode levar os filhos a desenvolver problemas psicológicos e sociais, é importante dialogar mostrar os planos com a separação, ouvir o que elas têm a dizer e igualmente ajudar a entender melhor todo o processo.

É importante lembrar que mudanças bruscas também causam impacto na vida dos filhos, por isso, se possível, o melhor é prepará-los um tempo antes para as alterações que virão.

5. Quais as principais queixas trazidas pelo casal, ou individualmente, durante as sessões de terapias?

De modo geral as principais queixas trazidas pelos casais no processo de terapia são as dificuldades no relacionamento, no entanto, durante o acompanhamento é possível perceber conflitos internos particulares de cada envolvido que afetam diretamente na relação do casal como a carência afetiva, a insegurança, o egoísmo, a imaturidade e a falta de flexibilidade, além disso, as pessoas muitas vezes não conseguem expressar de forma clara como se sentem em relação ao comportamento do outro, as confusões começam a surgir a partir do que fica subentendido, pela falha de comunicação.

Outra queixa evidente é a interferência de pessoas (familiares ou amigos) no relacionamento que podem acabar prejudicando o alinhamento e as decisões do casal que muitas vezes optam por alternativas sugeridas pelos outros ao invés de decidirem pelas reais necessidades da relação ou dos próprios cônjuges.

6. O psicólogo poderá trazer uma melhor comunicação entre o casal e mostrar possibilidades de acordos e alternativas para resoluções do conflito estabelecido?

Conversar com o cônjuge ou ex-cônjuge não é uma tarefa das mais simples, principalmente quando já se perderam alguns pilares fundamentais do relacionamento saudável.

Na terapia as conversas que comumente acabariam em brigas e acusações, são facilitadas pelo psicólogo, que então, passa a fazer o papel de mediador, e de forma cuidadosa, elabora questionamentos e induz à reflexão, permitindo que o casal saia da zona de conflito e parta para a busca de soluções, desta forma, a terapia de casal pode ser considerada uma maneira de acolhimento, num ambiente neutro, onde o casal pode expor suas questões, desabafar e construir saídas para as dificuldades e impasses.

Geralmente são vários conflitos e o psicólogo primeiro vai acolher as queixas, validar os sentimentos de ambos, fazer intervenções, trazer as técnicas, mas é o casal que vai decidir se vale a pena, se faz sentindo manter ou não a relação.

É uma decisão dos cônjuges, lembrando que é muito difícil conseguir olhar para as fragilidades e se movimentar para modificar. Psicoterapia é um encontro, cada um precisa assumir sua parcela de responsabilidade nesse processo.

7. Quanto tempo que um casal leva para "superar" a dor de uma separação, após o divórcio?

A complexidade de se desprender de uma relação e superar o término de um casamento depende da profundidade dos laços que se formaram, da história do casal, do tempo de convivência, da qualidade da relação e do perfil de cada pessoa.

A dor da separação é um estado de perda emocional intensa. Pode ser diferente para cada um dos envolvidos, mas geralmente sentimento de tristeza, incapacidade e fracasso são comuns.

Seja em uma separação traumática ou não, é necessário elaborar o "luto" de algo que deixou de existir. O luto se desenvolve em cinco estágios: negação, raiva, barganha, depressão e, finalmente, a aceitação.

Já o tempo em que este processo de elaboração ocorre, é relativo a cada pessoa, de acordo com os recursos cognitivos e emocionais, vivências, traumas e experiências que cada um apresenta em relação a separações e perdas.

Alguns estudos sugerem um tempo médio em torno de 1 (um) a 3(três) anos necessários para a superação de um divórcio, no entanto, nem sempre se consegue superar nesse tempo.

O relacionamento tem grande impacto na forma de acreditar em si mesmo e de agir, quando casamos, interagimos, planejamos e decidimos em conjunto, há influência direta da outra pessoa. O parceiro é, além disso, um apoio e alguém em quem se compartilha a intimidade.

Quando nos divorciamos perdemos esta associação e mesmo nos sentindo autossuficientes, o divórcio é como perder parte de si mesmo, daí o maior desafio de superar e se recuperar.

8. Teria como identificar nas sessões de psicoterapias se uma criança está sofrendo alienação parental?

A alienação parental pode ser identificada no processo de acompanhamento psicológico infantil.

No ambiente terapêutico a criança manifesta comportamentos e emoções que está vivenciando através da ludoterapia que é a psicoterapia adaptada para o tratamento infantil, através da qual a criança, brincando, projeta seu modo de ser.

O objetivo dessa modalidade de análise é ajudar a criança, através da brincadeira, a expressar com maior facilidade os seus conflitos e dificuldades, no âmbito da família ou social ajudando-a encontrar a solução.

O psicólogo observa e interpreta suas projeções para compreender o mundo interno e a dinâmica da criança. Para isso, buscam-se instrumentos (jogos, imagens, desenhos, estórias, bonecos) através dos quais as projeções são facilitadas uma vez que, quanto menor a criança, mais difícil é para ela verbalizar adequadamente seus conflitos internalizados.

9. As crianças também frequentam as sessões? Quais são os seus principais medos?

Depende muito da demanda de cada família, o processo pode ser trabalhado em terapia de família com todos os membros ou de maneira individual.

Os medos são inúmeros: culpa, medo de abandono, de pai e ou mãe não gostar mais da criança, medo de magoar os pais, entre outras inseguranças subjetivas peculiares a cada indivíduo e situação.

10. Quem mais procura por psicólogos, a mulher ou o homem? Seria uma questão cultural?

Geralmente quem toma iniciativa para procurar ajuda é a mulher, os homens ficam mais resistentes, mas quando percebem a real necessidade se envolvem no processo e contribuem.

Nos casos em que a separação fica definida, o acompanhamento psicológico leva o casal a avaliar o que aconteceu de errado no casamento para que o mesmo padrão não seja repetido em relacionamentos futuros.

No processo de retomada de vida, após um divórcio, o psicólogo tem sido o profissional mais indicado para ajudar. Em terapia, tanto o homem, quanto a mulher, passam a se valorizar mais, fortalecendo a autoestima e o bem-estar e se motivam a buscar seus interesses e a recuperar o amor-próprio.

2

ENTREVISTA COM A MEDIADORA/ CONCILIADORA MARISTELA NAUE GOBATTO

Em outra oportunidade fui recebida gentilmente pela mediadora judiciária Maristela Naue Gobatto, que nos concedeu uma entrevista.

Maristela Naue Gobatto trabalha no fórum da Comarca de Campo Erê, SC, desde o ano de 1999 e atua no Serviço de Mediação Familiar, desde o ano de 2007, avolumando muita experiência e habilidades para exercer esse papel de mediadora familiar, tão importante para as famílias que se encontram em conflitos.

Ela tem formação em Serviço Social pela FURB, Fundação Universidade de Blumenau, SC, com especialização pela PUC em Enfrentamento à Violência Doméstica, frequentou cursos de Constelação Familiar, de Direito Sistêmico e Psicodrama Interno Trasngeracional.

É mediadora familiar com certificado do TJSC, foi instrutora do Curso Mediação Familiar e Oficina de Pais – TJSC, com formação em Depoimento Especial – TJSC, e Protocolo Brasileiro de Entrevista Forense – CNJ.

É ainda organizadora do Projeto Oficina de Pais oferecido pelo Conselho Nacional de Justiça – CNJ na Comarca de Campo Erê, SC, com o Projeto Constelação Familiar no Judiciário – movimentos que podem curar.

Mais importante de todas as suas qualificações é a prática jurídica com humildade e a busca constante pelo aprendizado, eterno buscar, esperançar, aprender, reaprender e reconhecer que cada um tem seu tempo e movimento e contribuir com pacificação interna, possibilitando movimentos para que cada pessoa encontre sua força para seu movimento de cura e autoperdão.

Plantar sementes com o sentir, olhar e ouvir, acreditando no empoderamento dos mediandos, por meio dos recursos, aprendizados no decorrer do aprender, reaprender.

Os meios consensuais de resolução de conflitos já estão presentes nos órgãos judiciários, mas foi com a Resolução n. 125/2010 do Conselho Nacional de Justiça (CNJ), que trouxe a Política Judiciária Nacional de tratamento adequado dos conflitos de interesses no âmbito do Poder Judiciário, foi um marco legal da mediação e da conciliação como métodos de acesso à justiça tão relevantes quanto a decisão judicial realizada pelo julgador no gabinete.

A Resolução estabeleceu parâmetros e normas para criação dos Centros Judiciários de Solução de Conflitos e Cidadania (CEJUSCs), trouxe diretrizes para capacitação dos conciliadores e mediadores, além de instituir o Código de Ética de Conciliadores e Mediadores Judiciais.

O Código de Processo Civil de 2015 e a Lei da Mediação (Lei n. 13.140, de 26 de junho de 2015) também foram marcos legais relevantes na institucionalização da mediação e da conciliação.

O novo Código de Processo Civil (2015) valorizou o papel da mediação e da conciliação dentro da atividade jurisdicional, prevendo-as como instrumentos de pacificação do litígio.

No âmbito estadual, a normatização atual vigente acerca da conciliação e da mediação está disposta na Resolução TJ n. 16/2018 que reestrutura a Coordenadoria Estadual do Sistema dos Juizados Especiais e do Núcleo Permanente de Métodos Consensuais de Solução de Conflitos (Cojepemec) e dá outras providências.

Toda mediação é um processo conversacional em que um terceiro qualificado ajuda pessoas em conflito a restabelecerem o diálogo, favorecendo que elas próprias sejam autoras de soluções mutuamente satisfatórias.

O mediador tem o papel fundamental de conseguir sensibilizar as partes, em especial, se houverem filhos, para que tragam uma pacificação eles escolherem, esclarecendo o procedimento que será realizado, ter certeza de que serão respeitados os interesses dos envolvidos, esclarecer a voluntariedade, frisar ausência de obrigação de resultado, prometer o maior empenho, mas não pode prometer o resultado (obrigação de meio).

O mediador familiar tenta construir um contexto de credibilidade pessoal, processual e institucional; estabelecer relação de confiança entre partes, advogados e conciliadores; separar pessoas de problemas; focar nos interesses mútuos e não nas posições das partes; cria múltiplas alternativas antes de as partes decidirem; insistir nos critérios objetivos, não fazer julgamentos e fazer projeção no futuro das relações. Tem como princípios úteis a escuta ativa e a intervenção para ajudar a transformar as histórias que chegam as partes.

A mediação familiar tem o objetivo de reunir os pais para retomar o diálogo e facilitar a resolução dos conflitos comuns de uma separação, dando total atenção aos filhos menores de idade. O objetivo da presente entrevista é avaliar a eficácia da medicação familiar no caso de dissolução de casamento.

O grande índice de divórcios e em sua maioria com conflitos entre o casal foi fazendo o processo de mediação ser cada vez mais solicitado para esses casos, com objetivo de diminuir os casos litigiosos que se acumulam nos processos a serem julgados pelo juiz.

Um divórcio ou separação é sempre muito estressante, tanto para os conjugues como para os filhos, ele vem acompanhado de uma série de mudanças na vida de todos, fazendo com que precisem sair do conforto habitual.

Essas mudanças vêm acompanhadas de problemas entre os pais, nos quais os filhos presenciam e que podem ser prejudiciais para o desenvolvimento psicológico da criança ou adolescente.

A mediação é um processo confidencial, tendo em vista que muitos assuntos pessoais são discutidos e não podem ser divulgados e nem levados em consideração nos julgamentos se o acordo não for firmado. Com base nisso, realizamos algumas perguntas para a nossa mediadora – Assistente Social da Comarca de Campo Erê, SC.

Ao começarmos a conversa inicialmente ela trouxe uma mensagem do professor Luis Alberto Warat, Phd:

> O grande segredo, da mediação, como todo segredo, é muito simples, tão simples que passa desapercebido. Não digo tentemos entendê-lo, pois não podemos entendê-lo. Muitas coisas em um conflito estão ocultas, mas podemos senti-las. Se tentarmos entendê-las, não encontraremos nada, corremos o risco de agravar o problema.
>
> Para mediar, como para viver, é preciso sentir o sentimento. O mediador não pode se preocupar por intervir no conflito, transformá-lo. Ele tem que intervir sobre os sentimentos das pessoas, ajudá-las a sentir seus sentimentos, renunciando a interpretação.

Passamos às perguntas.

1. Como é realizada a preparação para a mediação de um casal que vai se separar?

Num primeiro momento gostaria de expressar que a Mediação Familiar somente é realizada quando pessoas aceitam, porque o movimento, palavra é dos mediandos, e é preciso ouvir, expressar e também silenciar. E respeitar quando não desejam participar

E é de suma importância também nos processos judiciais o envolvimento dos advogados, no olhar acolhedor e empoderar também seus clientes. Pelo tempo de atividade, pode-se mencionar que existe na Comarca, aceitação, envolvimento positivo dos advogados, foi um caminho gradativo de conhecimento, aceitação, reconhecimento desta atividade.

Sinto que o movimento inicia primeiramente internamente, quando pessoa toma iniciativa em expressar seu sentimento, angústia, dificuldade.

E lhe é informado sobre possibilidades: Mediação Pré-processual e processual, já a empoderando sobre sua escolha e explicando sobre a prática da mediação. E principalmente contribuir para que o mediando consiga sair do papel de vítima, (geralmente todos iniciam mediação como vítimas, exemplo: a culpa é dele(a), eu só sofri, não tinha valor... e consiga escrever sua história, e buscar equilíbrio no momento de compor o acordo.

É primordial acolher, ver, sentir, ouvir, ser imparcial, manter confidencialidade. E também ofertar Cartilha do Divórcio[28] que se encontra no site do STJ.

No caso de separação com filhos, entrego e utilizo os pedidos abaixo (pedidos dos filhos de pais separados) onde também escolho uma das frases, e leio durante sessão.

E sempre é muito forte o sentimento, porque até então estão pensando somente na conjugalidade, e percebem como estão prejudicando os filhos, no caso divórcio litigioso, disputa de guarda, ou não apoiar o contato com o pai, mãe, família extensa.

Os 20 pedidos abaixo contam na pg. 109 e 110 da cartilha do divórcio[29].

Os 20 pedidos dos filhos de pais separados são[30]:

1. Nunca esqueçam: eu sou a criança de vocês dois. Agora, moro só com um de meus pais, e este me dedica mais tempo. Mas preciso também do outro.

---

[28] CNJ.https://www.cnj.jus.br/wpcontent/uploads/conteudo/destaques/arquivo/2015/06/f26a21b21f-109485c159042b5d99317e.pdf.

[29] https://www.cnj.jus.br/wpcontent/uploads/conteudo/destaques/arquivo/2015/06/f26a21b21f-109485c159042b5d99317e.pdf).

[30] Tribunal de Família e Menores de Cochem-Zell (Alemanha).

2. Não me perguntem se eu gosto mais de um ou do outro. Eu gosto de "igual" modo dos dois. Então, não critique o outro na minha frente, porque isso dói.

3. Ajudem-me a manter o contato com aquele entre_vocês com quem não fico sempre.

4. Marque o seu número de telefone para mim, ou escreva-me o seu endereço em um envelope. Ajudem-me, no Natal, ou no seu aniversário, para poder preparar um presente para o outro. Das minhas fotos, façam sempre uma cópia para o outro.

5. Conversem como adultos. Mas conversem. E não me usem como mensageiro entre vocês, ainda menos para recados que deixarão o outro triste ou furioso.

6. Não fiquem tristes quando eu for com o outro. Aquele que eu deixo não precisa pensar que não vou mais amá-lo daqui alguns dias. Eu preferia sempre ficar com vocês dois, mas não posso dividir-me em dois pedaços, só porque a nossa família se rasgou.

7. Nunca me privem do tempo que possuo com o outro. Uma parte do meu tempo é para mim e para a minha mãe; outra parte de meu tempo é para mim e para o meu pai.

8. Não fiquem surpreendidos nem chateados quando eu estiver com o outro e não der notícias. Agora tenho duas casas e preciso distingui-las bem, senão não sei mais onde fico.

9. Não me passem ao outro, na porta da casa, como um pacote. Convidem o outro por um breve instante para entrar e conversem como vocês podem ajudar a facilitar a minha vida. Quando me vierem buscar ou levar de volta, deixem-me um breve instante com vocês dois.

10. Vão buscar-me na casa dos avós, na escola ou na casa de amigos se vocês não puderem suportar o olhar do outro.

11. Não briguem na minha frente. Sejam ao menos tão educados quanto vocês seriam com outras pessoas ou tanto quanto exigem de mim.

12. Não me contem coisas que ainda não posso entender. Conversem sobre isso com outros adultos, mas não comigo.

13. Deixem-me levar os meus amigos na casa de cada um. Eu desejo que eles possam conhecer a minha mãe e o meu pai, e achá-los simpáticos.

14. Concordem sobre o dinheiro. Não desejo que um tenha muito e o outro muito pouco. Tem de ser bom para os dois, assim poderei ficar à vontade com os dois.

15. Não tentem "comprar-me". De qualquer forma, não consigo comer todo o chocolate que eu gostaria.

16. Falem-me francamente quando não cabe no orçamento. Para mim, o tempo é bem mais importante que o dinheiro. Divirto-me bem mais com um brinquedo simples e engraçado do que com um novo brinquedo.

17. Não sejam sempre "ativos" comigo. Não tem de ser sempre alguma coisa de louco ou de novo quando vocês fazem alguma coisa comigo. Para mim, o melhor é quando somos simplesmente felizes para brincar e que tenhamos um pouco de calma.

18. Tentem deixar o máximo de coisas idênticas na minha vida, como estava antes da separação. Comecem com o meu quarto, depois com as pequenas coisas que eu fiz sozinho com meu pai ou com minha mãe. 18. Sejam amáveis com os meus outros avós, mesmo que, na sua separação, eles ficaram mais do lado do próprio filho. Vocês também ficariam do meu lado se eu estivesse com problemas! Não quero perder ainda os meus avós.

19. Sejam gentis com o/a novo (a) parceiro(a) que vocês encontrarem ou já encontraram. Preciso também me entender com essas outras pessoas. Prefiro quando vocês não têm ciúme um do outro. Seria de qualquer forma melhor para mim quando vocês dois encontrassem rapidamente alguém que vocês possam amar. Vocês não ficariam tão chateados um com o outro.

20. Sejam otimistas. Releiam todos os meus pedidos. Talvez vocês conversem sobre eles. Mas não briguem. Não usem os meus pedidos para censurar o outro. Se vocês o fizerem, vocês não terão entendido como eu me sinto e o que preciso para ser feliz.

E além de utilizar a referida cartilha do Divórcio do CNJ, é preciso consultar bibliografia que possa facilitar no momento da utilizar a normalização durante sessão de mediação.

Com o tempo de ação profissional utilizo três fases para falar um pouco sobre o ciclo do divórcio. Que são: I – As Consequências. II – O realinhamento III – Estabilização.

E falar de uma maneira simples sobre estas fases resumidamente: primeiro ano após separação pode ser tão devastador, furacão, tempestade, sofrimento, dificuldade, e gera confusão, mudanças na relação com família ampliada, com relação ao dinheiro, paternidade, relacionamento sociais.

Na segunda fase realinhamento dura de dois a três anos. Com relação à paternidade a maior necessidade dos filhos da presença dos pais, sentimento de apoio. Fase de mudanças extrafamiliares, econômicas.

E na terceira fase de estabilização que exige energia e a atenção. E nesta fase muitas vezes é de calma e tranquilidade.

Tudo isso pode ser estudado por meio do livro: *As mudanças no Ciclo de Vida Familiar, uma estrutura para a terapia de Família,* autoras: Betty Carter e Monica McGoldrick – p. 323 a 334.

2 Como o mediador se prepara para o início da conversa? Ele tem acesso aos autos, às características das partes, e aos fatos descritos na inicial?

Em todas as sessões é de suma importância realizar a declaração de abertura, que trará segurança para os mediandos. Explicar que existe curso para mediar, que mediador foi designado pelo magistrado (a) da Comarca.

Acolher os mediandos, os advogados, explicar novamente técnicas da Mediação, ser imparcial, confidencialidade, nunca leio os autos antes da Mediação. Ofertar ambiente adequado (mesa redonda, café ou chá, deixar papel para secar lágrimas). Cada um dos mediandos tem seu tempo, com respeito, silêncio e acolhimento para expressar seu sentimento. Sempre pergunto como pessoa deseja ser chamada.

Em alguns casos quem está ouvindo tem dificuldades em ficar em silencio, então retomamos a Declaração de Abertura (que é importante ouvir, anotar em um papel suas dúvidas, e no seu momento falar, não ofender...).

Características das partes que observo: fragilidade, esperam que alguém decida por eles, instabilidade emocional e financeira, o foco é individual e não parental, magoa, raiva, desejo de ferir o outro, dificuldade em compreender, ódio, rancor... por estes motivos é importantíssimo no mínimo três sessões de Mediação.

Considerando que trabalho com orientação anterior e Oficina de Pais, também existem muitos acordos em uma sessão, porém na minha opinião, o ideal é ocorrerem três sessões, porém na processual conseguimos redesignar, em alguns casos, a segunda sessão. E na pré-processual até três sessões de Mediação Familiar.

3 Como o mediador faz para reconhecer os sentimentos e os interesses de cada parte?

Acolhendo, sentindo, olhando, silenciando e ouvindo as partes. E principalmente realizar cada ação com presença, estar efetivamente presente durante sessão. O sentimento não é o que está nos autos. E muitas vezes também não está nas palavras do mediando. E em alguns casos para contribuir também é realizada na sessão individual.

Nas entrelinhas da história de vida está o conflito. E com o tempo, prática é possível sentir, e com segurança contribuir para que o mediando consiga expressar o que sente e deseja.

Porque é uma história de vida para constar em um termo, onde em uma, duas horas, muitos conseguem iniciar a reorganização de suas vidas. Com relação ao divórcio, guarda, alimentos, modificação de guarda, exoneração de alimentos, bens, reconhecimento de paternidade.

4 Como é feita a resolução dos conflitos?

Utilizamos a Declaração de Abertura, ela é norte para realizarmos a Mediação Familiar. É importante a Mediação, é um começo para resolução do conflito, o fato de haver acordo, não significa resolução para o casal, é o recomeço, e organização da tempestade.

Farei um breve resumo de uma sessão: primeiro chamo os mediandos e advogados pelo nome e lhes acompanho e convido mediandos e advogados para entrar na sala de mediação familiar.

Após todos sentados, ofereço café, assim, vai quebrando de certa forma o gelo entre as partes e a solenidade. E então inicio: Meu nome é Maristela, não sou juíza, promotora, advogado, fui designada pelo juiz(a), como mediadora familiar, em conjunto com minha colega Katia Leandra Frandololo Dal Pra (servidora com formação em Direito) não li os autos, sou imparcial, tudo que falarem aqui ficará nesta sala, cada um terá seu momento para falar, o qual deverá ser respeitado (enquanto outro fala, poderá anotar para falar quando for seu momento). Não ofender, se conseguir olhar para o outro enquanto está ouvindo. Após fala de cada um faço o resumo, é pergunto é isso. Se sim, inicia outro mediando, faço resumo novamente. Concordam que seja desta maneira? Se sim iniciamos a mediação. E realizamos pequenas pausas, para advogado orientar seu cliente, quando ele tem dúvidas jurídicas, e é de suma importância para a segurança do mediando.

Após por ordem: Guarda (foco na compartilhada), alimentos, visitas, bens (sempre deixo por último).

Na verdade, minha opinião a Mediação Familiar é o começo e não o fim, para a resolução do conflito.

5   Qual é a porcentagem dos processos ativos que chegam a um acordo?

Eu como mediadora, não me importa o número. O importante é a semente que plantamos durante cada sessão de Mediação. E o momento em que os mediandos conseguem expressar um para o outro a dor, mágoa, desejo que estava oculto durante muitos, muitos anos. É o começo de um acordo, deles com suas vidas, a partir do momento que aceitam participar da Mediação Familiar.

Trabalho na Mediação desde 2007, acredito que até hoje tenha realizado aproximadamente 1.500 mediações... e para mim o que fica não é o acordo, é o olhar entre os mediandos, dizer: agora lhe entendo, o abraço, a lágrima, o medo, a liberdade, o respeito, o recomeço, o compartilhar a guarda dos filhos, o dividir patrimônio em equilíbrio e harmonia, o dizer sinto muito, entender parentalidade e não conjugalidade, que o conflito é uma oportunidade de mudança.

Eu particularmente penso sempre que independente da porcentagem a gente plantou uma semente, para que possam refletir... e em inúmeros casos o acordo ocorre no dia da primeira sessão, outros o processo é suspenso para que possam avaliar se o acordo será benéfico para eles, filhos..., tendo em pauta, que nunca será a vontade de cada um no todo, é preciso equilibrar e gradativamente as mudanças ocorrem, mas em passos lentos.

E, em alguns casos, após primeira sessão, os advogados posteriormente peticionam acordo após cada um refletir sobre a composição.

Eu particularmente entendo ser fundamental o tempo para cada um pensar sobre o acordo. Não existe pressão para o acordo, é tudo muito verdadeiro, tudo depende dos mediandos. É importante mencionar que em todas as mediações realizadas até hoje, que tenho lembrança, e que houve autocomposição, o acordo foi homologado pelo juiz(a).

Dados exatos não tenho, é preciso realizar pesquisa com anuência da magistrada da comarca, considerando que é informação do andamento processual.

6 Quais os principais tipos de conflitos que são mediados?

Divórcio, Dissolução, alimentos, guarda, modificação de guarda, Visitas, Regularização de Visitas, Inventário, Exoneração de Alimentos, Revisional de Alimentos e Investigação de Paternidade.

Além da palavra do tipo de ação, é um conjunto de fatores, que por fim são processos de história de vida, de conflitos semeados ao longo do relacionamento, que geram, mágoas, sentimento de fragilidade, dificuldade de diálogo, dificuldade em olhar a pessoa, ouvir, e principalmente sentir o conflito.

Por todos estes motivos de suma importância a possibilidade de uma terceira pessoa capacitada, estar mediando os conflitos familiares, e trazer à tona a responsabilidade de cada um, sem vitaminizar ninguém, e trazer o olhar dos mediandos para os filhos, que grande parte das vezes não está presente e tem um lugar de disputa e não de amor e união para seu desenvolvimento saudável.

O mais difícil é a pessoa assumir sua responsabilidade, empoderar e construir acordo por meio da autocomposição.

Quando isso ocorre, é visível a satisfação e principalmente as partes conseguem seguir novo caminho, não retornando para ajuizar nova ação, ou revisional.

7 Quais as vantagens de um casal passar pela mediação familiar?

Acolhimento, oportunidade de expressar seus sentimentos, através da palavra ou silêncio, expressar o que não está nos autos. Empoderamento, oportunidade ímpar deles comporem sua nova caminhada, com relação a separação, guarda, alimentos, visitas, bens.

Serem sujeitos do termo de audiência, onde de praxe é homologado pelo juiz da Comarca, sendo um acordo realizado pelos próprios mediandos, com o apoio incondicional dos advogados e mediadores.

É olhar, sentir, acolher, ouvir, e principalmente ser sutil para contribuir no momento difícil que estão vivendo, trazendo o conflito como possibilidade de mudança, e a mudança é sempre a partir da construção conjunta do acordo.

É algo muito profundo, real, estar presente em uma mesa redonda, onde as pessoas confiam e expõem suas dores, rancores, e após todo dor, construção do acordo, que é um caminho difícil para as pessoas e elaborado o Termo de Audiência, lendo parece simples, para aqueles que não estão presentes, é uma a duas horas, uma até duas sessões para conseguir compor acordo, respeitando o tempo das pessoas.

Tenho muito orgulho deste trabalho na Comarca.

8 Quais são os principais motivos da separação/divórcio de um casal?

Consumo de bebida alcóolica, traição, violência doméstica (agressão física, verbal e psicológica), não conseguem dialogar, financeiro, mágoa, ressentimento, dificuldade de expressar aquilo que traz conflito, família extensa e decepção.

9 Quem procura mais o judiciário, homem ou mulher, nos casos de divórcio?

De praxe a mulher busca para mediar, tem esperança de mudar a rotina familiar. Grande parte das mulheres inseguras, e pouco empoderadas.

Em primeiro as mulheres e em segundo homens.

10 Sobre a alienação parental, você já conseguiu identificar em uma sessão de mediação?

Muitas pessoas não pensam que alienação parental existe mesmo em casais que vivem juntos.

E os efeitos somente podem ser afirmados com laudo de uma profissional de psicologia. Na prática durante sessão, sempre, sempre um busca desfazer o papel parental do outro, e muitos por ignorância, e muitos para que o filho "não goste, não prefira o pai, mãe, ou família extensa".

E nossa ação como mediador é trazer o afeto, o amor, e a necessidade de ambos os pais para o filho, que ferir um ao outro com palavras, ações, disputas, é também ferir o filho.

Não é fácil o entendimento, por este motivo contamos com a Oficina de Pais, antes da Mediação, onde utilizamos material, vídeos do CNJ, que contribuem, e para que vejam e sintam, que o filho precisa de ambos...é um caminho.

11 Como é a relação do casal que pode apontar "antes" do divórcio a alienação parental?

Profissionais da área da psicologia são mais competentes para responder essa pergunta. Mas, posso mencionar que toda relação que não é equilibrada traz prejuízos para os filhos, e o equilíbrio social, emocional é um caminho necessário para relação do casal e filhos.

Atendo muitos casais que buscam informações, que a mãe, ou pai se colocam como vítimas, e vê os filhos como troféus: "eu mereço ficar com o filho", porque o outro não presta, eu sou boa..., faço tudo, ele é imperfeito...é jogo muito injusto para os filhos, viu que seu pai fez, ele está errado, não presta, ou viu que sua mãe fez... ela não presta... e assim com palavras "feias...".

12 De acordo com sua experiência, como as crianças sentem-se durante o procedimento do divórcio? Quais são os maiores conflitos emocionais que elas passam?

O filho não tem coragem de magoar os pais, esperam eles serem grandes, e muitas, muitas vezes os filhos são os adultos durante essa fase.

Nesta fase quem pergunta para os filhos como eles se sentem. No caso de disputa judicial, as crianças dizem: Quero ficar com o pai e mãe junto. Mas para os pais, para agradar um ou outro, não conseguem falar o que sente o coração, porque não desejam magoar nenhum. Filho ama os pais, e para muitos pai e mãe, querem amor exclusivo, com egoísmo que é difícil gerenciar, durante mediação e no decorrer processual também.

Quem escuta o filho, sem cobrança, só acolher. E grande parte expressa raiva, e muitos palavras agressivas para agradar o pai ou mãe. E precisam omitir o amor, neste conflito de lealdade.

Na Oficina de Pais e filhos – CNJ, menciona sobre os ciclos que os filhos sentem durante o processo: Negação, raiva, negociação, depressão, aceitação, cura.

Sempre oriento para que tantos os pais como filhos tenham acompanhamento psicológico nesta fase da separação.

13 Quais os maiores conflitos emocionais que um casal passa no decorrer do processo do divórcio?

Durante minha ação nas sessões de mediação sinto extrema dificuldade do outro olhar, ouvir, refletir, reconhecer e perdoar, entre os mediandos.

E quando inicia o movimento para que isso ocorra através de técnicas da mediação familiar, e perceptível que a pessoa se sente acolhida, ouvida e respeitada.

E é fato que o conflito, lágrimas, estão presentes durante processo, por este motivo é importante mais de uma sessão de mediação familiar... o primeiro momento é de tempestade, e gradativamente após expressar o que diz no coração conseguem compor acordo.

Porque o conflito faz parte do relacionamento, e principalmente durante processo quando um decide mudança, e focamos que o conflito é algo positivo, mas difícil gerenciar, por este motivo necessidade de pessoas capacitadas para contribuir. É movimento para que ambos construam outra página de seus livros da vida, onde além deles os artistas principais são os filhos.

Muitos demonstram sinais de depressão e são orientados para buscar terapia, para auxiliar neste processo de reorganização familiar.

14   Como a Senhora vê o Direito Sistêmico na resolução dos conflitos?

Em minha prática como Mediadora Familiar, o Direito Sistêmico (desde o ano de 2015) é o norteador de minha ação, de meu olhar, silêncio e palavra.

Faz parte na resolução dos conflitos, acredito que este é o diferencial, na sutileza durante sessões, no empoderar os mediandos, não ver, ou lhes acolher como vítimas, colocando, observando o papel de cada um em sua história de vida.

E, principalmente, trazendo à tona a responsabilidade familiar passada, presente e futura, e a responsabilidade de cada um no movimento.

No olhar, acolhimento verdadeiro da alma, não superficial, esse ponto é primordial... conseguir sentir, acolher, reconhecer e principalmente que eles são grandes, e em casa estão os pequenos que depende deles.

Buscar estabelecer equilíbrio durante sessão, que cada um fez seu melhor, o que tinha para oferecer, ser grato ao passado, tanto fases difíceis como felizes que também viveram... que a responsabilidade é de cada um, que a união foi escolha deles, os frutos que são os filhos merecem que busquem o equilíbrio, que não é possível apagar o outro do livro da vida, mas que é possível virar a página e escrever novas páginas.

E muitos casos, a expressão muda ao fim da sessão, e quando acontece o olhar, a palavras sincera, do coração o abraço... brota lindamente a possibilidade deles comporem o acordo, e este é o maior presente do trabalho, ver e sentir, que estão iniciando um novo ciclo, que com esforço individual os filhos receberão o maior presente além da vida, que é poder expressar o amor pelo pai e mãe, não precisar esconder que ama, sente falta e sofre... que o filho faz parte dos dois, ninguém é melhor ou pior.

E quando conseguimos durante uma sessão de Mediação Familiar, trazer o olhar, o aprendizado das Constelações Familiares, criada por Bert Hellinger, se conseguirmos falar sobre as três leis de maneira simples, e a partir das palavras, sentimentos dos mediandos, *é transformador.*

Todas as pessoas buscam sim uma ordem, equilíbrio e pertencimento. Utilizar técnicas também da constelação, trazer o olhar além das palavras, e ouvir sim, mas conseguir contribuir para que as pessoas possam entender, que as três ordens, significam muito além da palavra.

Claro que não vamos palestrar, mas criar ambiente de confiança e empo-deramento para que iniciei o movimento.

Acolher no coração os mediandos, sem julgar, e ser imparcial é um caminho silencioso para que possam estabelecer confiança que tem sua força na realidade expressa por cada um.

15   Já utilizou as leis sistêmicas para ajudar encontrar a pacificação social u até mesmo entender o porquê, as partes reagem de certa forma?

Sim. Antes de utilizar explico um pouco, falo também sobre o projeto na Comarca, e somente utilizo quando aceitam.

Já utilizei envolvendo diversos processos: dissolução, separação, guarda, crianças acolhidas na casa lar e também em conjunto com Ministério Público (com família e filhos que não estavam frequentando a escola).

Como sempre a gente aprende colocando em prática este movimento que respeito, e somente utilizo quando pessoas aceitam.

Utilizo também frases de Bert Hellinger, ao final da sessão de Mediação, e se pessoa desejar pode ler a frase, ou não. Quando leem é forte e toca o coração delas, assim como não leem também. Em algumas situações advogados também pegam uma frase, e o movimento é deles.

Alimentos – neste foi utilizada constelação com representantes.

Em outro caso de adoção de duas irmãs utilizei bonecos para contribuir na aproximação com família adotiva. Considerando dificuldade na rotina delas, no período de acolhimento.

Separação litigiosa, ódio entre o casal não conseguiam dialogar, nem mesmo se olhar. Somente ele aceitou realizar o movimento, e teve possibilidade em sentir o sofrimento da filha.

Durante constelação familiar com bonecos, a criança (9 anos de idade, acolhida na Casa Lar, pai suicidou e mãe abandonou, e foi vítima de violência doméstica) movimentava bonecos e começou cantar música, que seu pai can-tava para ela. A necessidade era receber carinho, abraço de toda família, sentir protegida.

Já utilizei Mediação Familiar, com pais e com alunos APOIA. Porém para mediar, é preciso se identificar com o trabalho, acreditar, estudar e aplicar técnicas, não pode deixar o ego ocupar espaço, é preciso focar no sentimento, no coração.

O caso era uma disputa de guarda entre avós paternos. A avó não aceitava a mãe exercer seu papel maternal. Desqualificando tanto a nora como o filho. Neste caso, durante muitos anos seguia o conflito. E em certa oportunidade falei sobre as Leis sistêmicas e utilizei através de visualização – eles deixando o filho e nora seguirem seu caminho, independente deles.

"O condutor de uma constelação permite ser guiado por um movimento do espírito em todo o caminho e a cada passo. Este movimento nos guia para saber com quem podemos trabalhar, até onde podemos ir e quando podemos parar" (Bert Hellinger). O Amor do Espírito pg. 146.

16   A Senhora pode relatar um caso que lhe marcou, durante sua trajetória no Fórum da Comarca de Campo Erê?

Muitos foram histórias de vida que marcaram em minha atuação profissional. Todas as vezes que vi mulheres e homens chorando. História de vida lentamente expressadas no silêncio, na lágrima ou raiva, às vezes muitas lágrimas.

Todos os momentos em que senti no olhar, palavras a confiança de tantas pessoas que atendi até hoje. Quando percebi também a leveza, satisfação dos mediandos e advogados após autocomposião.

Quando os mediandos conseguem olhar para o filho como o foco na parentalidade. Que ambos têm sua importância antes, depois e para sempre na vida do filho.

Hoje tenho algumas lembranças também: O reencontro da mãe com filho após 8 anos. O sofrimento do pai onde o filho adolescente desejou residir com a mãe. O pai dizendo para mãe falar a filha "diz para ela esquecer que tem pai".

Tanta história, mágoa, e busca de recomeço nestes momentos.

O ódio expresso no não olhar, ou na vingança através da petição. Desejo em seguir contestação. Como maneira de dizer: estou ainda muito machucada, não vai parar por aqui.

Busca o reconhecimento.

Pedras, espinhos e flores... durante as sessões

O pai ajuizou ação de exoneração de alimentos, e não sabia que idade o filho estava. A busca do reconhecimento do filho, direito de amor, atenção, igual aos filhos da segunda união do pai.

A mágoa no olhar das mães no caso de investigação de paternidade, a satisfação do filho quando adulto recebe o resultado do exame DNA, e o que mais deseja é o abraço, que muitas vezes não acontece.

O choro desesperado da criança que deseja ficar com o pai, ou mãe durante sessão de mediação familiar.

No resultado dos exames de DNA, quando o pai acolhe o filho e pega no colo.

No inventário, quando existe conflito a busca é por reconhecimento. Filho de relação extraconjugal não foi avisado sobre falecimento do pai.

O senhor que veio para Mediação caminhando longo trajeto, e durante sessão pergunta: posso tirar o calçado.

Mãe e avó materna, expressando eu não posso ficar com minha filha (9 anos), neta, porque meu marido não gosta dela, e não obedece a avó.

Quando após sessão de mediação foi visível o desequilíbrio do mediando. E tivemos notícia após certo período que ele matou a ex-esposa e sogra.

A mãe disse com relação aos dois filhos (7 e 9 anos) se alguém quiser cuidar, pode pegar.

Pais e filhos (total de 10 famílias, encaminhados junto ao MP) visualização que os pais lhe ofereceram o que podiam, agradecer, expressar os sentimentos, dizendo sinto muito, com os olhos fechados. A relação do conflito familiar afetava o rendimento escolar.

Em casos extremos utilizei técnicas de constelação familiar:

Caso duas irmãs (sofreram abuso sexual) utilizei bonecos para lhes representar, na busca de auxílios frente atitudes sexuais entre elas, encaminhamento para família adotiva.

Criança acolhida, muito agressiva, também utilizei bonecos.

Separação litigiosa, ódio entre o casal não conseguiam dialogar, nem mesmo se olhar. Pai não permitia contato com a mãe. Pai conseguiu sentir como a filha estava sofrendo.

Pais e filhos visualização que os pais lhe ofereceram o que podiam agradecer, expressar os sentimentos, dizendo sinto muito, com os olhos fechados.

Face ao conflito durante sessão mediação, mediando não conseguiam olhar, pedi para fecharem os olhos e dizer: agora eu vejo você, ou, estou tentando ver você. Eu honro sua história, respeito hierarquia e farei o melhor para honrar o que deixou. Final de emoção do mediando. Também com frases sistêmicas.

17   A mediação familiar tem muitas vantagens, no seu ponto de vista, quais são?

Os mediando tem oportunidade em solucionar amigavelmente a ruptura conjugal e a reorganização da vida familiar após a separação

Problemas concernentes à separação, focalizados no presente e no futuro (acordo sobre as responsabilidades parentais e financeiras. Identificar as reais necessidades do casal e de seus filhos no momento da separação

Tendo possibilidade em compor acordo com relação ao filho (s), havendo acordo juiz (a) não será determinada a realização estudo social.

Quem melhor que a pessoa que vive sua história, para decidir sobre seu futuro. Que tem a possibilidade em escrever, reescrever o novo caminho através da Mediação Familiar, se assim desejarem.

Acredito na Mediação, aprendi muito com as pessoas que expressaram sua dor, ansiedade, sonhos, e tiveram coragem e força para reorganizar a vida após separação. A partir de seu sentir, viver e olhar, este é o diferencial e encantamento deste trabalho. E com o tempo aprendemos distanciar dos problemas, ou seja, não acessar a dor, culpa *pelo e do outro.*

18   A senhora consegue imaginar o Judiciário sem os mediadores?

O sonho é que não, porém é fato que em muitas comarcas não existem mediadores atuando. Sempre falo que a mediação é um caminho sem volta, porque a diferença entre uma Sessão de Mediação, e audiência tradicional não tem comparação.

Todas as pessoas merecem ter oportunidade em encaminhar a sua vida. E a nossa função é empoderar e contribuir para que reorganize o novo caminhar. E somente o tempo para conquistar credibilidade com os magistrados, ministério público e advogados.

Considerando o tempo de cada mediação, e o momento de empoderar, incentivar os mediandos, que necessitam do apoio de seus advogados no sentido de apoiar e acreditar na possibilidade de eles comporem acordo. E se for necessário, e muitas veze é seguir para contestação.

Importante esclarecer que na Comarca, a mediação é no máximo devem ser três sessões por tarde, com tempo mínimo de uma hora.

E este trabalho conjunto não tem valor material que possa pagar. Porque a alma, os olhos ficam repletos de lágrimas quando durante uma, duas, sessões os mediandos conseguem expressar tanto a mágoa, como gratidão.

E com acordo ou não, é uma semente, e seguem caminhando juntos com relação a parentalidade, mas em caminhos distintos.

E um dia, o momento da chegada da fase da reorganização familiar. E muitas ações nos processos envolvendo famílias, sentimentos, histórias, só é possível através da Mediação Familiar, no judiciário.

Na Comarca de Campo Erê, SC, existe compreensão do tempo necessário, acredito que é decorrente dos resultados obtidos desde o ano de 2007, quando iniciamos com o Serviço de Mediação Familiar, e principalmente é importante trabalhar em equipe, convidar para que possam assistir uma sessão de mediação familiar, divulgar, sempre envolvi colegas para que realizassem curso de Mediação, para obter resultado, já repassei conhecimento para a Rede de Atendimento da Comarca (CRAS, CREAS, CT,).

Já utilizei Mediação Familiar, com pais e com alunos APOIA. Porém para mediar, é preciso se identificar com o trabalho, acreditar, estudar e aplicar técnicas, não pode deixar o ego ocupar espaço, é preciso focar no sentimento, no coração.

É preciso calma, serenidade, concentração, e saber momento de ouvir, e acreditar no potencial do mediando, que ele tem possibilidade em resolver seu conflito. Se a pessoa olhar e sentir a pessoa como pequena, não criar empatia, existe possibilidade de não acontecer Mediação Familiar.

Ter empatia e não julgar, e sempre utilizar a palavra da pessoa e somente formular pergunta quando for da alma e coração.

Agradeço pela oportunidade, a generosa e sensível Juliane. E aproveito para expressar também meu sentimento de gratidão a todos magistrado(as), promotores(as), advogados(as) e colegas da Comarca de Campo Erê, que tive oportunidade em trabalhar em conjunto nestes quatorze anos de Mediação Familiar.

Foi e é a união de todos que fizeram e fazem este caminho pela harmonização social.

O meu trabalho na Mediação Familiar, na Comarca de Campo Erê, é possibilidade, aprendizado, estudo, poesia e gratidão.

POSFÁCIO

À medida que as mulheres foram conquistando direitos, as famílias começaram a prosperar como uma integralidade, despertando os sentimentos e reverenciando os afetos.

Tudo começa quando um homem encontra uma mulher pelo qual se sente atraído e quando uma mulher encontra um homem e se sente atraída. Todos nós viemos de uma relação amorosa, por meio dela a vida é passada adiante, vêm os filhos, os netos, os bisnetos e assim, a cadeia familiar nunca termina.

Todo o universo cresceu e vem crescendo, e essa conexão é uma só realidade: quando incluímos os excluídos em uma família tudo começa a fluir e todos se beneficiam e crescem juntos. Mais cedo ou mais tarde, vamos perceber que quando trabalhamos de forma conjunta, globalizada, respeitando todos os integrantes da família, incluindo homens, mulheres, crianças, meninos e meninas, começamos a igualar o mundo e as famílias começam se curar conjuntamente.

Quando trabalhamos com casais, seja no processo de união como na dissolução, não basta somente olhar para ambos, precisamos entender o contexto que eles estão envolvidos, olhar além do casal propriamente dito, ver sobre eles a família de origem.

Todos os países que são dominados por homens desperdiçam o talento feminino, o olhar sensível, o abraço caloroso e o alimento que nutre a alma. Quando se respeitam os direitos femininos, os direitos dos cônjuges em um lar, o conjunto prospera, pois a maior riqueza de uma sociedade é a família.

Muitas vezes o nosso cônjuge é um meio de se exercitar o amor. A relação conjugal será sempre a mais desafiadora de exercitar o amor porque é a única, no seio da família, que começa voluntariamente e se mantém voluntária.

As mulheres ainda estão limitadas, mas já estamos aprendendo a nos autodefender. As relações familiares ainda sofrem uma verdadeira escassez de direitos e igualdades de gêneros. Nós precisamos aprender a olhar nossas dores, cuidar da saúde mental, procurar ajuda e recolher-se no colo de amigos e familiares. Não ter vergonha de sentir-se abatida com o término da relação, ter momento de fragilidade não significa que a mulher é fraca, é só uma fase que fará parte da caminhada rumo à maturidade emocional.

Há peculiaridades e limites que todos nós devemos e precisamos ter, não devemos fazer qualquer coisa pelo amor, precisamos perceber até que ponto está sendo recíproco, excluindo tudo o que for tóxico, porque ninguém deve ser tão importante, a ponto de roubar a sua paz interior, deixa-la sem sono e revirar com o seu íntimo. Amor antes de tudo é troca, cumplicidade e respeito.

Precisamos prestar atenção para não perdemos nossa identidade em nome de um suposto amor. Devemos perceber o quão é inútil tentar se encaixar na vida de quem não se importa e não soma.

A relação conjugal, por isso, deve sempre ser colaborativa – um colaborando com o outro para o aperfeiçoamento individual e da relação.

A relação conjugal é o instrumento por excelência para que nossa evolução aconteça. Tudo começa na família, ou seja, a família é a célula da sociedade.

Nenhuma revolução, guerra ou mudança social vai trazer as mudanças que precisamos no mundo se não começarmos a fazer essa revolução interna, de autoconhecimento e amor-próprio. Não existe uma educação em massa que tenha surtido melhores efeitos do que uma educação individual, que começa dentro de cada um de nós. Nos olhando e conhecendo.

Quando o ser humano se descobrir, invadir o mundo interno, vai poder refletir todo o amor e cuidado que precisamos para preservar e manter nossa família.

Toda mulher tem a capacidade de fazer o que é necessário dentro do seu lar para manter a família unida. Muitas vezes age de forma equivocada, mas seu coração tem um só norte – a família. Portanto, o amor deve ser realizado de forma livre e de espontânea vontade, um exercício de autoconsciência.

Superar a necessidade do mundo de criar excluídos tanto nas relações familiares, como no trabalho, escola, meio social é o maior desafio da humanidade. Se continuarmos empurrando para as margens mulheres violentadas, crianças abandonadas, órfãs, mulheres dependentes, idosos, fracos, doentes, estamos negando o que existe dentro de nós mesmos, porque de certa forma o outro reflete aquilo que preciso mudar em mim.

Acolhimento e respeito são molas mestres de um relacionamento feliz e que, acima de tudo, respeita a desigualdade, honrando seus antepassados e sabendo o momento de dizer chega, de evitar brigas e a alienação parental para satisfazer caprichos mundanos internos. Portanto, rogo para que a humanidade se conheça, se respeite, compartilhe emoções, aprendizados, e juntos formaremos uma nova egrégora planetária.

A base para o amor em família, portanto, é o cultivo dos sentimentos de autoestima, autoaceitação, autoconfiança, autovalorização e autorespeito.

Só por meio da união familiar, independentemente da forma, homossexual, heterossexual, monoparental, anaparental, e infinidades de exemplos de famílias é que a humanidade evolui e cresce, pois, a família de qualquer forma que existe é a verdadeira escola da vida.

A conquista da monogamia mediante grandes lutas é onde o instinto vem sendo superado pela inteligência e pela razão, demonstrando que o sexo tem finalidade especifica e especial na relação conjugal, não devendo a sua função ser malbaratada, colocando o feminino no lugar que sempre deveria estar, ao lado do masculino, para juntos fomentar os vínculos do amor natural, para a construção da família, essa célula básica da humanidade.

O grande problema que criamos na convivência familiar é que queremos transformar o outro em terra fértil à força, como se isso fosse possível. Queremos que o outro se transforma naquilo que vislumbramos como exemplo. Nem nós mesmos somos terra fértil, mas queremos que o outro seja. É claro que isso não vai ser possível.

Torço que você assim como eu, reconheça o quanto antes a sua essência e admire-se, ame-se, presenteie-se com uma boa dose de autoestima, porque o(a) protagonista da sua vida deve ser você.

Um grande beijo e até a próxima. Não deixe de apreciar: *No cantinho da consciência.*

REFERÊNCIAS

ALMEIDA, Luiza. Divórcio impositivo: o que é e quais os procedimentos. **SAJADV**, maio 2022. Disponível em: https://blog.sajadv.com.br/divorcio-impositivo/. Acesso em: 10 dez. 2021.

BACARDÍ, Joan Garriga. **Onde estão as moedas**: as chaves dos vínculos entre pais e filhos. 3. ed. Valinhos: Editora Saberes, 2020.

CEZAR-FERREIRA, Verônica A. Motta. **Família, separação e mediação**: uma visão psicojurídica. 3. ed. São Paulo: Método, 2011.

CHALI, Yussef Said. **Divórcio e Separação**. 11. ed. rev. ampl. e atual. De acordo com o Código Civil de 2002. São Paulo: Revista Tribunais, 2005, p. 30-31.

DEVASTADORAMENTE generalizada: 1 em cada 3 mulheres em todo o mundo sofre violência. OPAS - Organização Pan-Americana da Saúde, mar. 2021.Disponível em: https://www.paho.org/pt/noticias/9-3-2021-devastadoramente-generaliza-da-1-em-cada-3-mulheres-em-todo-mundo-sofre-violencia.

DIAS, Maria Berenice. A Lei Maria da Penha na Justiça. A efetividade da Lei 11.340/2006 de combate à violência doméstica e familiar contra a mulher. São Paulo: **Revista dos Tribunais**, São Paulo, p. 47, 2007.

GATES, Melinda. **O momento de voar**: como o empoderamento feminino muda o mundo. Tradução de Alves Calado. Rio de Janeiro: Sextante, 2019.

HELLINGER, Bert. **Olhando para a alma das crianças**. Divinópolis, Atman, 2018, p. 82.

HILL, Napoleon. **Mais esperto que o diabo**. Porto Alegre: CDG, 2020.

KARNAL, Leandro. **O inferno somos nós**: do ódio à cultura de paz. Leandro Karnal/ Monja Coen, Campinas: Papiros 7 Mares, 2018. p. 56.

MADALENO, Ana Carolina Carpes; MADALENO, Rolf. **Síndrome da Alienação Parental**: importância da detecção: aspectos legais e processuais. 6. ed. Rio de Janeiro: Forense, 2019.

MOREIRA, Alvez. **Direito Romano**. 20. ed. n. 294, p. 320, 2021.

NOVO CÓDIGO de Processo Civil comparado: comparado – Lei 13.105/2015. Coordenação de Luiz Fux; organização de Daniel Amorim Assunpção Neves. 2. ed. Rio de Janeiro: Forense; São Paulo: Método, 2015.

PAULINO, Mauro; RODRIGUES, Miguel. **Violência doméstica, identificar, avaliar, intervir**. Estoril: Prime Books, 2016. p. 47-48.

PEREIRA, Rodrigo da Cunha; DIAS, Maria Berenice. Direito de Família e o novo Código Civil. 3. ed. rev. atual. e ampl. Belo Horizonte: Del Rey, 2003. p. xiv. (Prefácio à segunda edição).

POPPE, Dianna. **Manual do bom divórcio**. 1. ed. São Paulo: Globo: 2017.

SCHWAB, Klaus. **A quarta revolução industrial**. Bauru: Editora Edipro .2016

SILVA, Denise Maris Perissini da. **Guarda compartilhada e síndrome da alienação parental**. O que é isso? Campinas: Autores Associados, 2010. p. 55-56.

SANTOS, Elisama. **Educação não violenta:** como estimular autoestima, autonomia, autodisciplina e resilência em você e nas crianças. 10. ed. – Rio de Janeiro/ São Paulo: Paz e Terra, 2020.

VIEIRA, Jair; MICALES, Maíra V. CÓDIGO CIVIL. **Lei 10.406, de 10 de janeiro de 2002**. 4. ed. São Paulo: Edipro, 2020

VENOSA, Sílvio de Salvo. **Direito Civil. Direito de Família**. 3. ed. São Paulo: Editora Atlas: 2006. v. 6.